Johannes Bozenhart, P. L. Brunner

Schicksale des Klosters Elchingen

und seiner Umgebung in der Zeit des dreissigjährigen Krieges, 1629-1645

Johannes Bozenhart, P. L. Brunner

Schicksale des Klosters Elchingen
und seiner Umgebung in der Zeit des dreissigjährigen Krieges, 1629-1645

ISBN/EAN: 9783744615778

Hergestellt in Europa, USA, Kanada, Australien, Japan

Cover: Foto ©ninafisch / pixelio.de

Weitere Bücher finden Sie auf **www.hansebooks.com**

Schicksale des Klosters Elchingen

und seiner Umgebung

in der Zeit des dreissigjährigen Krieges

(1629 — 1645).

Aus dem Tagebuche des P. Johannes Bozenhart

herausgegeben

von

P. L. Brunner.

(Separat - Abdruck aus der Zeitschrift des Historischen Vereins für Schwaben und Neuburg. III. Jahrgang 2. und 3. Heft.)

Augsburg, 1876.

In Commission der J. A. Schlosser'schen Buchhandlung.

(Ludwig Schulze.)

Einleitung.

Unserer Zeit ist die richtige Erkenntniss geworden, dass neben den eigentlichen Urkunden und grösseren geschichtlichen Werken häufig auch blosse Privataufzeichnungen und Tagebücher, deren Verfasser nie an die Bestimmung für einen weiteren Leserkreis dachten, für die Bereicherung der Geschichte irgend einer Zeitperiode von nicht geringer Bedeutung sind, da ja auch die engeren Kreise, deren Erlebnisse sie schildern, mehr oder minder von den äusseren Ereignissen und Thatsachen unwiderstehlich beeinflusst und bestimmt wurden und die in ihnen über diese aus ruhiger Betrachtung gewonnenen Anschauungen und Urtheile oft überraschende Wahrheit und Genauigkeit kundgeben. Insbesondere aber sind solche specielle Darstellungen, Biographien, Hauschroniken u. a., als für die Kulturgeschichte, die jetzt ihre würdige, früher wenig beachtete Pflege gefunden hat, höchst wichtige Quellen anerkannt worden, weil sich in ihnen der stillere Gang der Bildung und inneren Lebensentwicklung, an dem sie Theil nehmen und dessen Offenbarung sie grossentheils selbst sind, viel leichter erkennen lässt, als in den die Geschichte eines Landes oder doch eines grösseren Landestheiles und hervorragender Begebenheiten in ihnen schildernden Werken, die mit der Aufzeichnung der äusseren Vorgänge vollauf beschäftigt waren.

Ob aber auch in Zeiten der unruhigsten und ausgedehntesten Bewegung, wo sich die grossen Ereignisse Schlag auf Schlag folgten, nämlich in den schrecklichen des dreissigjährigen Krieges, gleichzeitige Nachrichten über Erlebnisse aus kleineren Räumen irgend ein Interesse beanspruchen dürfen? auf diese Frage kann wohl mit Bejahung, ja selbst mit dem Nachdrucke geantwortet werden, dass gerade in dieser Zeit der wildesten Aufregung

1

Schilderungen aus enger begrenzten Räumen aufmerksames Gehör
verdienen, weil nicht blos aus dem Grunde des grösseren Zurück-
drängens des kulturgeschichtlichen Materiales durch die in schnel-
lem Wechsel vorüberziehenden kriegerischen Vorgänge in allgemein geschichtlichen Büchern das Vorfinden desselben in Nachrichten aus dem häuslichen Leben, von dem es, wie gesagt,
unzertrennlich ist, um so willkommener erscheinen muss, sondern
weil überdiess derartige Schriften vielfach auch zur gründlichen
und vollständigen Kenntniss des durch den genannten Krieg ver-
ursachten Elends beitragen. Wenn uns die Beschreibung des
äusseren Verlaufes dieses grössten Krieges, den Deutschland je
sah, in beständiger Aenderung in die verschiedenen Gegenden
versetzt, wo das wilde Feuer des eigentlichen Kampfes loderte,
und über die damals verschonten Reichstheile gar nicht oder nur
in spärlicher Weise berichtet, so ist das Vermuthen nahe gelegt,
dass letztere während des fernen Tobens der Schlachten eine Zeit
der Ruhe, Erholung und Erhebung fanden und also doch nicht
von einem durch volle drei Decennien auf allen deutschen Gauen
lastenden Drucke die Rede sein könne. Dem entgegen zeigt
das sorgfältig geführte Tagebuch aus einem einzelnen Orte, dass
diese Ansicht eine unrichtige sei, indem es schildert, wie jener
nebst seiner weiten Umgebung selbst bei jahrelanger Entfernung
der im direkten Kampfe befindlichen Heere durch das unausbleib-
liche Gefolge des Krieges, wie fortwährende Truppenmärsche,
Einquartierungen, Seuchen und Lösung aller Ordnung, in bitterste
Noth versetzt wurde, und vermittelt uns dadurch, wie gesagt,
das richtige Erkennen der damaligen vollen und fast allgemeinen
Verheerung.

Solche Bedeutung darf wohl auch mit Recht für das hier
edirte Tagebuch beansprucht werden. Dieses wurde während der
längsten Dauer des Krieges von einem Konventualen des reichs-
unmittelbaren Benediktinerstiftes Elchingen im jetzigen bayerischen Bezirksamte Neu-Ulm (zum Unterschiede von dem Dorfe
Unterelchingen auch Oberelchingen genannt) wenigstens in seinem
Haupttheile mit Sorgfalt geführt. Leider liegt es nicht mehr im
Originale vor, sondern nur in einer 121 Quartblätter umfassenden,
vor mehreren Jahren für die Bibliothek des historischen Vereins
für Schwaben und Neuburg erworbenen Abschrift, welche aus
jenem, nachdem es bis dahin nicht die verdiente Würdigung gefunden hatte und selbst einzelner Stücke beraubt worden war,
der Abt Meinrad Humel, der von 1685 bis 1706 das Kloster und

sein Gebiet regierte, im richtigen, damals aber keineswegs allgemeinen Erkennen des Werthes derartiger Aufzeichnungen fertigen
liess, wie die ersten Zeilen des Buches selbst in Folgendem
berichten:

„Es hatte ein Professus allhier mit Namen P. Joannes Bozenhart ein Diarium vom Jahre 1629 angefangen und bis ad
annum 1645 continuirt. Weilen aber solches Manuscript hin und
wieder zerrissen, auch oft übel zu lesen war und doch bisweilen
leswürdige Sachen in sich enthielte, also hab solches, damit es
nicht gar zu Grund ginge, ohne Zusatz und von Wort zu Wort,
soviel möglich war, abschreiben und der werthen Posterität
hinterlassen wollen. Menrad Abbas.“

Was den Verfasser des Tagebuches selbst betrifft, so ist in
diesem ausser dem in die folgenden Blätter selbst Aufgenommenen
nur noch berichtet, dass er i. J. 1629 Unterkellermeister (vice-
cellarius), 1632 Sakristeiverwalter (sacristanus) wurde, im nächsten
Jahre das letztere Amt mit dem damals mit schweren Sorgen
belasteten des Küchenmeisters, aus welchem sich seine sonst be-
fremdende Vorliebe für kulinarische Notizen erklärt, vertauschte
und, jedenfalls hochbejahrt, am 24. April 1664 starb. Von seinen
Verwandten nennt Bozenhart seinen Bruder Pius in Beyren, dem
um Pfingsten 1632 die Schweden nach dem Raube des Viehs
Haus und Hof verbrannten, und seinen Vater, der am 4. März
1633 im Alter von 80 Jahren, „doch noch ganz krübig (rüstig)“
starb.

Bozenharts Aufzeichnungen gehen freilich über den engeren
Gesichtskreis des im Kloster und dessen nächster Umgebung
Geschehenen nur in wenigen Fällen hinaus und melden nur selten
von den Hauptereignissen auf dem grossen Kriegsschauplatze,
deren niederschlagende oder ermuthigende Wirkungen jedenfalls
auch in diesem sich äussern mussten; aber doch beleuchten sie
zum Theile die damaligen Vorgänge in Mittelschwaben [1]) und
entfalten vor uns ein ziemlich klares und lebensvolles Bild der

---

[1]) Insoferne kann Bozenharts Tagebuch als Gegenstück zu dem des Sebastian Bürster, Cisterzienser im Kloster Salem (Salmansweiler in der Nähe von
Ueberlingen am Bodensee), betrachtet werden, das, freilich mit viel grösserer
Ausführlichkeit und höherer Bedeutung für die Kenntniss der äusseren Kriegsführung, die Vorgänge in Südschwaben in derselben Zeit (1630—1647) schildert
und im verflossenen Jahre nach der Original-Handschrift im General-Landes-
archive zu Karlsruhe von dem gr. Bad. Archivrathe Dr. Friedrich von Weech
(Leipzig, Verlag von Hirzel) edirt wurde.

dauernden und in alle Verhältnisse tief einschneidenden Verwüstung
des grossen Krieges, welches durch den Umstand, dass des Klosters schweres Leid gewiss nicht vereinzelt, sondern das traurige
Loos der meisten Orte eines grossen Theiles von Deutschland war,
eine weit über die lokale Beschränkung hinausreichende Bedeutung
gewinnt. Auch für die in unserer Zeit zur Geltung gekommene
richtige Anschauung, dass die Religion im genannten Kriege
keineswegs den grossen Spielraum hatte, den man früher anzu-
nehmen pflegte, liefert das Tagebuch einen vollgiltigen Beweis,
da es, obgleich aus einer Hauptstätte des katholischen Lebens
stammend, von religiösen Einflüssen doch nur weniges berichtet,
ja im Gegentheile zeigt, dass masslose Belästigungen aller Art
von den beiderseitigen Truppen nicht blos an den der anderen
Konfession Angehörigen verübt wurden und die Kaiserlichen nicht
minder als die Schweden und ihre Verbündeten das klösterliche
Asyl mit allen Schrecken des Krieges erfüllten. Bozenharts Bericht ist einfach und offenbar gleich nach den Ereignissen mit
Flüchtigkeit aufgezeichnet worden. Aus dem Grunde der mehrfach angedeuteten Bestimmung des Buches für seine eigene Er-
innerung verwendet der Verfasser keine Sorgfalt auf regelrechten
Satzbau und feinere Formen, äussert die in ihm erregten Ein-
drücke, zumal des Unwillens, häufig in derber Weise, berichtigt
gleich nach dem Vernehmen niedergeschriebene Irrthümer, wenn
sie sich auch bald als solche erweisen mussten, nicht und nennt
die Folgen so mancher Begebenheiten, deren Erscheinen er in
naher Zeit erwartete, später mit keiner Silbe. Aber gerade diese
Unmittelbarkeit und Offenheit möchten dem Buche eher zum
Vortheile dienen, als dessen Werth beeinträchtigen.

Was die Edition des Tagebuches in sachlicher und sprach-
licher Hinsicht betrifft, so erfolgt diese aus wohl zu billigenden
Gründen keineswegs vollständig, sondern erstreckt sich nur auf
die mit dem grossen Kriege in näherer oder fernerer Verbindung
stehenden Erlebnisse und mehrere kulturhistorisch nicht uninter-
essante Aufzeichnungen, wogegen alles blos die inneren Haus-
angelegenheiten, wie Handhabung der klösterlichen Disciplin,
Zuwachs oder Abnahme der Konventualen u. a. Betreffende aus-
geschieden blieb oder eine kürzere und in die Anmerkungen ver-
wiesene Fassung erhielt. In formeller Beziehung wurde bei mög-
lichster Beibehaltung der Wortformen, selbst in ihrer Verschieden-
heit von den jetzigen, wie z. B. nit u. a., nur darin eine
Aenderung getroffen, dass die an keine Regel sich bindende,

sondern in beständigem Wechsel von u. v. w., grossen und kleinen Anfangsbuchstaben u. a. begegnende und selbst kaum mehr dem Original getreue Schreibweise des Kopisten mit der heutzutage üblichen vertauscht wurde, jedoch mit Ausnahme aller Eigen-, Personen- und Ortsnamen und der aus dem jetzigen Gebrauche verschwundenen Provinzialismen. Schwerfälliger und unklarer Satzbau wurde nur dort geändert, wo die Richtigkeit des Verständnisses diess nothwendig machte, sonst hätte die Verbesserung fast eine allgemeine sein müssen. Gleiches fand auch in Bezug auf Aenderung der Unterscheidungszeichen statt. Die beigegebenen Anmerkungen haben hauptsächlich den Zweck, Lokal- und Personennamen, sowie ungewöhnliche Ausdrücke zu erklären und die Angaben des Tagebuches mit den angedeuteten Ereignissen des Krieges in Verbindung zu bringen, was selbst den mit der Geschichte dieser Zeit wohl Vertrauten als Mittel zu schnellerem und leichterem Verständnisse nicht unlieb sein dürfte.

Annus 1629.

21. April sein zu Ulm kaiserische Mandata wegen Restitution der geistlichen Güter an das Rathhaus, wie auch an die 4 Hauptthor angeschlagen worden. [1)]

Durch den August und September haben wir viel und schwere Durchzüg der kaiserischen Soldaten gehabt, bevorab zu Thomer-

---

[1)] Als Kaiser Ferdinand II. den mit dem Könige Christian IV. von Dänemark geführten Krieg, die zweite Abtheilung des ganzen 30jährigen, mit dem Frieden von Lübeck i. J. 1629 siegreich beendigt hatte, forderte er bekanntlich im sog. Restitutionsedikte alle von den Protestanten seit dem Passauer Vertrage v. J. 1552 säkularisirten geistlichen Güter, die Erzbisthümer Magdeburg und Bremen, zwölf Bisthümer und fast alle norddeutschen Stifte und Klöster, zur grossen Bestürzung der damaligen Inhaber und selbst nicht ohne Befremden und Abmahnen von Seite einzelner, die voraussichtlichen bösen Folgen wohl würdigender katholischer Stände zurück und übertrug die Ausführung seiner strengen Forderung den längst durch ihr zügelloses Wesen vor allen anderen gefürchteten Waldsteinischen Truppen, deren schonungsloses Niederwerfen eines jeden Widerstandes auch die heftigsten Klagen erregte und zur baldigen Wiederaufnahme des Krieges wenigstens theilweise beitrug. — Aber nicht erst in der Zeit des Beginnes dieses Tagebuches wurde Kloster Elchingen nebst Umgebung durch kriegerische Bewegung geängstigt und vielfach beschädigt, sondern bekam bald nach dem Ausbruche des grossen Krieges schon dessen Schläge zu fühlen. Bereits i. J. 1620 lag hier in weiter Ausdehnung zahlreiches Kriegsvolk, als von dem Fürsten Christian von Anhalt im Namen des Pfälzischen Kurfürsten Friedrich V., der sich unkluger Weise zur Annahme der dem Hause Habsburg entfremdeten böhmischen Krone hatte bewegen lassen, die Glieder der Union nach Ulm berufen und von dem Markgrafen Joachim Ernst von Brandenburg-Ansbach zum Zwecke der Ermuthigung der Versammelten ihre vereinigten Kontingente in der Stärke von ungefähr 13,000 Mann herbeigeführt worden waren, während der Herzog Maximilian von Bayern, das Haupt der Liga, mit überlegener Macht auf der Strecke von Düllingen bis Leipheim stand und den Gegner von energischen Entschlüssen abzuhalten suchte, was auch mit dem Abschlusse eines friedlichen Vergleiches erreicht wurde. Auch keines der nächsten Jahre verging, selbst während der Kriegführung in weit entlegenen Gegenden, ohne lästige Einquartierungen und gefährliches Drohen wirklichen Ausbruches des Kampfes. Besonders aus d. J. 1627 und 28 berichtet eine gleichzeitige handschriftliche, im Vereinsbesitze befindliche Chronik von Ulm böse Vorgänge, so z. B., dass im Hornung des letzteren Jahres das ganze Ulmer Land schwarz voll Soldaten. Tillyschem Volke, lag und vom Ende des Monates März an auch noch das Kronburgische Volk in das gleiche Land verlegt worden und anderthalb Jahr darin gelegen ist, während welcher Zeit der Rath beides mit merklichen Unkosten besolden und natürlich auch sonst noch verpflegen musste, wodurch eine so grosse Theurung entstand, dass die armen Leute grünes Kraut, Pfifferlinge, Wurzeln und andere unordentliche Sachen assen und besonders an Schmalz und Salz empfindlicher Mangel war.

tingen[1]) und Dornstatt,[2]) welche sehr übel gehaust und einen
unerträglichen Schaden gethan. Zu Pfuel[3]) sein schon ziemlich
lang 30 Reiter gelegen, welche das hiesige Gotteshaus und Wiblingen proviantiren müssen. Diese haben die Unterthanen in Thal[4])
und Thalfing[5]) sehr ausgemörgelt. Nacher Weissenhorn, auf die
Alb etc. haben wir schier täglich und ein ziemliche lange Zeit
viel Proviant und Früchten liefern müssen.

Den 8. Okt. sein von dem Bischof zu Costanz Gesandten zu
Ulm gewesen, welche das Prediger Kloster begehrt, welches aber
ihnen rund abgeschlagen, auch gleich darauf die Schul daselbsten
geschlossen worden. Den 16. Okt. zwischen 7 und 9 Uhr gegen
Nacht hat man in den Wolken ein erschreckliches Feuer gesehen,
welches die Nacht so hell gemacht, dass man ohne Licht hat
lesen können.

Den 18. Febr. (sic!) hab ich den Immenbank in unserm
Garten verändert und gegen der Mauer, ein Schritt vier vom
Kornmeisters-Gärtle, 7 Geripp oder Körper ausgegraben, auch
dabei 5 Goldstück gefunden. Dieser Körper Häupter sein sehr
verhauen worden, welches an denen Hirnschalen zu sehen gewest,
haben auch fast alle die vollkommene Zähn in dem Mund gehabt.
Man hat wollen vermuthen, sie möchten im Schmalkaldischen Krieg
dorthin vergraben worden sein.

Annus 1630.

Den 11. Jan. haben wir unsern Wein von Schorndorf[6]) allbereit heroben gehabt, propter periculum militum. Hoc anno hat
man zu Regensburg ein Churfürstentag gehabt.[7])

---

[1]) Tomerdingen auf der schwäbischen Alp, O.-A. (im Folgenden durch-
gängig Abkürzung von „wirtembergisches Oberamt") Blaubeuren, gehörte unter
die ältesten Güter des Klosters Elchingen.

[2]) Dornstadt, O.-A. Blaubeuren, war i. J. 1465 durch das Kloster vom
Grafen Ulrich von Wirtemberg erworben worden.

[3]) Pfuhl, B.-A. (Abkürzung für „bayerisches Bezirksamt") Neu-Ulm.

[4]) Thal hiess der Theil des Dorfes Oberelchingen, der sich vom Fusse
des Klosterberges gegen die Donau hin erstreckte.

[5]) Thalfingen, B.-A. Neuulm, befand sich vollständig im Besitze des Klosters

[6]) Stadt Schorndorf an der Rems, O.-A. gleichen Namens, deren Haupt-
erwerbsquelle noch jetzt der Weinbau bildet, wenn er auch in viel geringerer
Ausdehnung, als früher, betrieben wird. Ob Kloster Elchingen seinen Wein-
bedarf daselbst einfach kaufte oder auf Grund von Schenkung erhielt, konnte
nicht ermittelt werden.

[7]) Dieser dauerte vom 3. Juli bis zum 12. Nov. und bewirkte nach langem
Sträuben des persönlich anwesenden Kaisers die Absetzung des damals in

10. Martii venit ad nos P. Joannes Eckhard ex Fultenbach
hospitandi gratia, dann sie, die Conventuales, als sie ein neues
Kloster gebaut und allbereit allerdings gebauen gewest, doch
durch die Schwedische Soldaten fast das neue und alte devastirt
worden, Abt Sylvanus in andere Gotteshäuser geschickt. [1]
Circa festum Jacobi (25. Juli). Oft und dick sein die Soldaten unter unser Gestütt gefallen, auch einst schon 2 Stück aus
dem Holz gebracht, aber wegen vielfältigen Sturmschlagens und
Zulaufens gezwungen worden, solche wieder laufen zu lassen.
13. Okt. circa festum S. Galli hat es zu Ulm ziemlich an-
fangen zu sterben. 22. Okt. hat sich die Regensburgische Versammlung allgemach wieder anfachen, zu verlieren und zu enden.
Den 8. Nov. hat man morgens um 5 Uhr einen feurigen
Dracken von Ulm auf Elchingen zu fliegen gesehen, hat sich,
wie man sagt, allhie auf der Binderhütten gewendt und ge-
schwungen.
18. Dec. ist der Herr von Leuchtenberg, wie auch der Herr
Obrister Kronberger allhier gewesen. [2] Der Herr Kronberger ist
unter während der Mahlzeit meines gnädigen Herrn Sohn worden. [3]

Annus 1631.

Circa 17. Jan. sein 3 Regiment [4] Kronburgische Reiter von
Langenau hinweg gezogen, sein über 3 Jahr zugegen gewesen.

Memmingen befindlichen Fürsten von Waldstein, gegen dessen unerträgliche
Tyrannei sich von allen Seiten, besonders Bayerns und Wirtembergs, die heftigsten Klagen erhoben.

[1] Fultenbach, B.-A. Dillingen, ehemaliges Benediktinerkloster. Dass von
schwedischen Soldaten die besagte Zerstörung vollbracht worden sei, ist offen-
barer Irrthum.

[2] Des ersteren Amt und Rang liess sich aus den zugänglichen Hülfsmitteln
nicht bestimmen. Der zweite ist ohne Zweifel der Reiteroberst Freiherr von
Kronburg, der in der Schlacht bei Breitenfeld am 7. Sept. 1631, nachdem er
mit rühmenswerther Tapferkeit Stunden lang gekämpft hatte, den Heldentod
starb (Schreiber, Max. I. u. der 30jähr. Krieg, 528).

[3] Dieser in unserem Tagebuche öfter wiederkehrende Ausdruck bezeichnet
ohne Zweifel ein freilich meist beim Zechen schnell entstandenes und ebenso
schnell vergessenes Versprechen eines innigen Verhältnisses, in welchem der
Jüngere dem Aelteren die dem Vater gebührende Achtung und Liebe verhiess.
Abt des Klosters war damals seit d. J. 1619 Johannes II. Speigelin.

[4] Diese Regimenter, von denen aber wohl nur eines dem genannten Obersten gehörte, hatten ohne Zweifel Ordre erhalten, schleunigst zur' Verstärkung
des Tillyschen Heeres gegen den Schwedenkönig Gustav Adolf zu ziehen.

5. April hat H. Graf Tylli Magdenburg, welches bishero ein Jungfrau verblieben und von keinem Potentaten eingenommen worden, anfahen zu belägern und endlich den 20. Mai von 7 bis 10 Uhr mit stürmender Hand eingenommen worden. Den 13. (?) haben die Kaiserische die Städte Memmingen, Biberach und Lindau eingenommen. Hierzwischen hat man zu Ulm eine Zusammenkunft der Ritterschaft, wie auch stracks darauf einen Kreistag gehalten, welche sammentlich sehr bald geendet und allerdings unverrichteter Sachen zerschlagen worden. Die kaiser. Gesandten haben ihr Logiament in unserem Hof gehabt.

Den 11. Juni haben die Làngenauer noctu circa 11. unser Bruck, wie auch die zu Thalfingen aus der Ulmer Befehl abgesägt und abgeworfen. Bis den letzten Juni haben sich bei 2500 Croaten [1] auf dem Ried von Erbach bis nacher Gögglingen [2] versammblet, über welche der Graf von Fürstenberg das Commando gehabt, aber mächtig übel commandirt, indem in dieser Gegend allenthalben Alles, sowohl Catholisch als Lutherisches, geraubt, geplündert, Ross und ganze Heerden Vieh hin in das Lager getrieben, ja auch viel Jungfrauen öffentlich geschändet, viel Mord hin und wider begangen, welches leider auch unsere Unterthanen zu Wösterstetten, [3] Thomertingen, Dornstatt genugsam erfahren, indem ihre Kirchen, in welchen sie ihren besten Hausrath gehabt, alle eröffnet und ganz ausgeplündert worden,

Nach der Eroberung von Magdeburg zählte das Regiment auf dem Zuge nach Thüringen noch 850 Reiter, focht in der Schlacht bei Breitenfeld (7. Sept. 1631) und wurde in dieser mit seinem eben genannten Obersten fast ganz zusammengehauen (Schreiber a. a. O.) Langenau, O-A. Ulm

[1] Kroaten, die gefürchtetste Truppe unter den kaiserlichen, waren nicht blos Söhne Kroatiens, sondern auch Ungarns, dem alten Ruhme getreu ausgezeichnete Reiter und flinke, listige Soldaten, aber auch unübertreffliche Aufspürer und Erhascher fremden Gutes. Hielten sie sich auch im Dienste in der Regel stramm und zuverlässig, so überliessen sie sich doch bei Lockerung der Disciplin zügelloser Reutegier, wie die gleichzeitigen Berichte beider Parteien melden, wobei freilich nicht zu ignoriren ist, dass sie hierin in allen Truppengattungen auf jeder Seite bei der damals gewohnten Kriegsweise zahllose Rivalen fanden. Der damals verbreitete Wahn, dass sie meist im Besitze der sogenannten Passauer Kunst seien, das heisst die Fähigkeit besässen, sich durch Hingabe an den Teufel gegen Schuss- und Hiebwaffen fest und unverletslich zu machen, vermehrte noch den Schrecken, der ihnen voranging und sie begleitete. Im J. 1634 zählte die kaiserliche Armee 7 Regimenter Kroaten, aber von sehr verschiedener Stärke.

[2] Erbach, O.-A. Ehingen. Gögglingen, O.-A. Laupheim.

[3] Westerstetten, O.-A. Ulm, gehörte vollständig dem Kloster Elchingen.

1 *

ja auch den 1. Juli das Bauernreiche Dorf Dornstatt ganz abgebrannt bis an 4 oder 5 Fürst, wie auch eodem die das Dorf
Meringen, [1] nicht weit davon, ganz in die Asche gelegt. Die
Unterthanen dieser Orten haben Alles im Stich gelassen und sich
in das Gotteshaus salvirt, weilen man zu Ulm keinen in die Stadt
gelassen. Diese Croaten sein fast alle schussfrei. Neulich hat
sich einer zu Ulm fast mausig gemacht, desswegen die Schildwacht
gezwungen worden, auf ihn zu schiessen, schiesst ihn derowegen
an die Blasen. Der Croat aber erschüttelt nur den Kopf ein
wenig, so springt die Kugel alsbald an den nahe dabei stehenden
Thorwart, welcher alsbald auf dem Platz todt verblieben, der
Croat aber sich aus dem Staub gemacht. Den 3. Juli ist das Läger sammtlich aufgebrochen und nacher
Württenberg gezogen, aber bald wieder zurückkommen unver-
richter Sachen. Man findt, dass zu Dornstatt gerad 100 Fürst
auf diessmal verbronnen. Den 5. Juli haben die Ulmer die
Langenauer, welche sich bisher 14 Tag für Soldaten haben gebrauchen lassen, wiederum lassen abziehen, welche dann mit
Schiessen und anderem bübischem Geschrei viel Ueppigkeit allhier im Durchziehen getrieben. 10. Juli hat sich Herzog Julius,
Fürst in Württenberg, in die kaiserische Devotion ergeben, welches doch das Landvolk und die Stadt Ulm nicht gern gesehen
haben. [*] 16. Juli sein von Geysslingen bis gen Leipheimb alle
Lutherische Flecken voller Croaten gelegt worden.

---

[1] Mähringen, O.-A. Ulm.

[*] Im Februar des Jahres 1631 schlossen deutsche Stände protestantischer
Konfession, darunter schwäbische Städte, zu Leipzig einen Bund, in welchem
sie sich laut der offenen Erklärung zwar nur zur gemeinsamen Vertheidigung
gegen jeden Angreifer verpflichteten, aber doch dabei, freilich gereizt durch
die Bedrückungen der kaiserlichen Soldateska, Pläne gegen Kaiser und Liga
und Anschluss an Schweden im Hinterhalte bargen. Als sie einer desshalb
ergangenen Aufforderung zur sofortigen Auflösung der Einigung nicht Folge
leisteten, sollte gegen die Mitglieder mit Waffengewalt eingeschritten werden.
Die schwäbischen Stände zu zwingen, führte der kaiserliche Generalwacht-
meister Graf Egon von Fürstenberg ein erst nach Italien bestimmtes Heer von
12,000 Mann durch Graubünden in den schwäbischen Kreis und zwang die
Städte und den Herzog Julius Friedrich von Wirtemberg, der im Namen des
minderjährigen Herzogs Eberhard regierte, zum Lossagen von dem Leipziger
Bunde. Dieser Zug Fürstenbergs, der dem Lande wenig Blut, aber desto mehr
Geld kostete, erhielt den Namen des Kirschenkrieges, weil er so lange dauerte,
als die Reife der Kirschen, die bekanntlich in Wirtemberg vorzüglich gedeihen.
Auch die Ulmer mussten dem Bunde entsagen, ihr geworbenes Volk entlassen
und kaiserliches aufnehmen, darunter 5 Kompagnien Neapolitanischer Reiter,

16. Sept. hat General Tilli mit denen Schweden ein sehr blutige Schlacht. [1)]

19. Oct. sein alle Conventuales von Neresheimb, Deggingen etc. und umliegenden Klöstern, wie auch alle Studenten, sowohl geistliche als weltliche von Dillingen hinweg gezogen und den Schlammerstorffer, welcher mit viel 1000 Schwedischen Soldaten vorhanden war, geflohen. [2)] Sein aber alsbald wiederum sammentlich nacher Dillingen berufen worden. Den 21. Oct. haben bei 40 Reiter 2 kaiser. Commissarios an dem Burchberg bei Burlafinger [3)] Brückle, geplündert, solchen auch eine grosse Summa Gelds abgenommen und den einen Commissarium massacrirt, den anderen aber auch fast bis auf den Tod verwundet, seind mit solchem Raub über Thalfinger Brucken kommen, solche auch alsbald nach ihnen abgeworfen, damit sie nicht ereilt wurden.

Annus 1632.

24. Febr. Ist die Thonaubruck zu Ulm gegen Wiblingen aus Verwahrlosung allerdings gar abgebrunnen morgens zwischen 7 und 8 Uhr, den Ursprung kann man nit eigentlich wissen. Dieser Tage (post dies cinerum) hat der Pfleger zu Albögg [4)] begehrt, dass man die Bruck allhier sollt abwerfen, haben's doch

„von denen, wie die Chronik sagt, nichts sonderliches geklagt worde." Weil aber feindliche Soldaten selbst noch nach Fürstenbergs Abzuge in den Norden von Deutschland sich um Ulm plündernd bis Anfang November herumtrieben, so zog am 3. dieses Monats Burgermeister Abraham Ehinger aus genannter Stadt mit 20 Pferden, 100 Musketieren und etwa 2000 Mann vom Landvolke nach Geisslingen, die Lästigen zu vertreiben, was auch so glücklich gelang, dass er schon am nächsten Tage mit seiner Truppe wieder heimkehrte.

[1)] Die am 17. Sept. bei Breitenfeld und Möckern erfolgte Schlacht, welche Tilly theils aus dem Grunde der Ueberlegenheit der schwedischen Bewaffnung, theils aus dem der Unvorsichtigkeit des Grafen von Pappenheim entschieden verlor.

[2)] Dass der genannte, einer oberpfälzischen Adelsfamilie angehörige Oberst, der i. J. 1637 von den Kaiserlichen bei Eroberung der pommerischen Stadt Wollgast getödtet worden sein soll, schon damals von dem schwedischen Hauptheere so weit nach Süden vorgedrungen sei, ist nicht wahrscheinlich. Nach bestimmten Nachrichten sogen erst am 9. April des nächsten Jahres, als am Charfreitage, die ersten Schweden, ein Regiment Dragoner unter dem Obersten Taupadel, in die genannte, damals von der Geistliebkeit und den Studenten grösstentheils verlassene Stadt ein.

[3)] Burlefingen, B.-A. Neuulm.

[4)] Alpeck, O.-A. Ulm.

von der Stadt Ulm ausgebracht, dass solches auf diessmal nicht geschehen. Dieser Zeit seind allbereit alle Württembergische Klöster mit Prädicanten wieder besetzt und die Geistlichen ausgetrieben worden. [1]

Den 1. April haben die Ulmische den Prälaten von Wiblingen gen Ulm begehrt, welcher sich nach Weissenhorn salvirt. Eodem die haben sie auch unsern gnädigen Herrn, wie auch den Grosskeller vor Rath begehrt, welches damal nicht geschehen, desswegen Rdus [2]) noster folgenden Tag nacher Fahlen [3]) sich müssen salviren, doch zu Nacht spat wiederum anheim kommen. Den 3. April sein die Schwedische und Ulmische nach Schwendi [4]) gereist, den Freiherren aus dem Bett gefänglich nacher Ulm gebracht und das Schloss und Flecken rein ausgeplündert, wie auch das nahe dabei gelegene Kloster Guettenzell, [5]) desswegen

---

1) Die Ulmer waren nach dem Landgrafen Wilhelm von Hessen-Kassel die nächsten, welche das Bündniss mit dem Könige Gustav Adolf von Schweden suchten und darauf bezügliche Botschaft selbst in weite Ferne, wahrscheinlich in das Lager von Werben, schickten, worauf zwischen beiden am 18. Februar 1632 zu Frankfurt ein Vertrag abgeschlossen wurde. In Folge desselben empfängt der König die Stadt in seinen Schirm, bewilligt ihr, dass sie die in ihr und ihrem Territorium liegenden Deutsch-Ordens- und anderen katholischen Güter in Administration nehme und die darin befindlichen geistlichen und anderen katholischen Herrschaften in Kontribution setze und gibt die Zusage, dass sie nie als ein Lauf-, Sammel- oder Musterplatz benützt werde, wogegen die Aelteren, Bürgermeister und Rath der Stadt versprechen, dem Könige als ihrem Schutzherrn in allem Dienste zu leisten, ihre Garnison bis auf 1200 Mann zu verstärken, auf eigene Kosten zu erhalten, dem Kommandanten, den dieser darüber setzen werde, schwören zu lassen und auf Verlangen mit Ausnahme von 300 zur Besetzung der Wachen nothwendigen Soldaten demselben ins Feld zu schicken (Verhandlungen des Vereins für Kunst und Alterthum in Ulm und Oberschwaben, 16. Veröff. S. 19 ff., wobei auch die interessante „Relation herrn hannßen Schadens des Geheymen Rhats, bei Königl. Mtt. zu Schweden vnd herrn Secretario Satlern gehabte audientz, gepflogenen discurs vnd verrichtung (im fuggerischen Dorfe Nordheim bei Donauwörth) betreffend", abgedruckt ist). Am 2. März alten Kalenders ist sodann ein schwedischer Gesandter in Ulm mit 24 Pferden und zahlreicher Dienerschaft eingezogen und hat im Kaisheimer Hofe Quartier genommen. Nach der Schilderung der hohen Gefahr, die der bayerische Kurfürst den zu Mindelheim in demselben Monate versammelten schwäbischen Ligisten durch den Grafen von Wolkenstein vortragen liess, hatte der schwedische Kommandant zu Ulm den Auftrag erhalten, 6 Regimenter auf Kosten der Katholiken zu werben (Schreiber a. a. O. 549).

2) Reverendissimus, d. i. der Abt.

3) Oberfallheim, B.-A. Neuulm.

4) Schwendi, O.-A. Laupheim.

5) Gutenzell, ehedem reichsunmittelbares Nonnenkloster vom Cistercienser-Orden, O.-A. Biberach.

sie sehr grosse Beute und bei 40 Haupt Pferde gekriegt. Den
4. April haben sie abermal durch ein scharfes Schreiben unsern
gnädigen Herrn hinein nacher Ulm begehrt, welches noch einmal
abgeschlagen worden. Desswegen unser gnädiger Herr folgenden
Tag abermal nacher Günzburg sich salviren müssen, wie auch
unsere 3 alte und allerdings erkrankte Patres, als P. Subprior,
P. Andreas und P. Wassermann gen Waldstötten, von dannen
gen Mündelheimb mitsammt einer Kutschen müssen fliehen. Den 6.
ist ein grosses Flehnen gewesen, sowohl an Weib und Kind, als
auch Hab und Gut gen Ulm, desswegen wir auch wegen des
Ausplünderns in grosser Gefahr gestanden. Heut ist abermal
ein scharfes Schreiben vom Ulmischen Rath an unseren gnädigen
Herrn kommen, dass er sich folgenden oder den 7. Tag sollte
zu Ulm bei dem Rath einstellen. Diess Schreiben ist behend
nacher Günzburg unserem gnädigen Herrn geschickt worden,
doch Niemand erschienen. Dieser Tage haben sie auch Wiesen-
staig [1]) ausgeplündert. Heut auf die Nacht sein wiederum viel
Soldaten aus der Stadt nach Raub geschickt worden, desswegen
wir stündlich eines Ueberfalls gewärtig gewesen. Den 7. April
gegen Abend ist abermal ein junger boshaftiger Schwedischer
Soldat in's Kloster reitend kommen mit einem ernstlichen Schreiben, wie dass sich der Herr Grosskeller und Secretari sollten zu
Ulm bei dem Rath einstellen, welches auch geschehen. Haben
wir nicht wollen geplündert, verhört und verderbt werden,
haben wir wochentlich 250 Thaler, einen stattlichen Falchen,
bei 40 Imi Haber, etliche Fuder Heu und Stroh müssen geben.

Zu Ulm ist (im Mai) ein Major Rittwein, [2]) noster satis bonus
fautor, ankommen, welcher das ganze Schwedische Commando über
die Stadt und umliegende Oerter gehabt; haben ihm solche alsbald müssen huldigen. Dieser hat sehr viel Vieh und Schaf, wie
auch Ross, bis zu seinem Abzug bei uns gehabt, ist auch einmal
selbst persönlich mitsammt seiner Hausfrauen bei uns gewest.
Dieser Zeit sein sehr viel erschreckliche Brunsten allenthalben
gesehen worden, auch viel Dörfer, Klöster und Märkt ganz ruinirt,

---

[1]) Wiesensteig, O.-A. Geislingen.

[2]) Schwedischer Generalmajor Sir Patrik Ruthven, ein geborner Schotte
und famoser Trinker, den der Ulmer Volkswitz den Pater Rothwein nannte.
Derselbe ist wahrscheinlich identisch mit dem Obristen Major Rudtwein, in
dessen Auftrage im April 1632 der Obrist Brenner Neuffra (O.-A. Riedlingen)
anzündete, weil er sonst hätte hangen müssen, und der später bei den Kriegs-
zügen des Marschalls Horn mehrfach erscheint (Bürster a. a. O. 21).

ja das Gotteshaus Ursperg ganz in die Aschen gelegt worden. [1]) Wir haben bisher, wie auch fast alle Unterthanen, Gottlob, gute Ruhe vor den Soldaten gehabt, doch sein die Unterthanen sehr ausgemergelt worden wegen des schweren Anlags und Schwedischer Contribution. In Württenberg ist alles Gefäll, sowohl den Geistlichen als Weltlichen, verarrestirt und dem Fürsten aus Württenberg von dem Ulmischen Major einhändig gemacht, desswegen uns auch 7 Fuder Wein in Arrest bleiben. Hoffen doch solche noch mittlerzeit zu bekommen. Die von Strass [2]) haben dieser Tage (Mitte Mai) einen Soldaten geschlagen, darfür sie dem Hamilton [3]) 100 Thaler müssen geben. Weil solche nicht alsbald vorhanden gewesen, hat er aus unserem Marstall die 6 beste Pferd genommen, unter welchen auch meines gnädigen Herrn, wie auch des Grosskellers Leibpferd gewesen. Die Strasser haben uns nach und nach andere 6 müssen liefern.

Den 5. Aug. haben unsere Unterthanen auf der Alb über 5 Compagnien Reiter müssen haben. Die Geistliche fast allenthalben herum, wie auch fast alle Pfarrherrn sein verjagt und ihre Güter gespolirt, verhörgt und verderbt worden. Der Herr Hans Schad und Major zu Ulm haben uns bishero guten Schutz gehalten, auch uns Salveguardi in das Gotteshaus, wie auch andere unsere Flecken gelegt. Täglich haben wir schweren Ueberlauf von Schwedischen Offizieren gehabt. Der Herr Hans Bischof, Caplan im teutschen Haus zu Ulm, ist dieser Zeit auch daselbst vertrieben worden und exul hieher in's Kloster kommen.

---

[1]) Am 15. März 1632 brach der König Gustav Adolf von Schweden aus seinem Winterquartiere in Frankfurt auf, befand sich am 31. desselben Monates in Nürnberg und begann noch in der ersten Woche des April die Belagerung von Donauwörth, dessen Vertheidiger, Herzog Rudolf von Lauenburg, sich bald nach erkannter Unmöglichkeit längeren Widerstandes mit seinen 2000 Bayern gegen 35,000 Schweden über die Donau in das bayerische Lager bei Rain zurückzog. Während der ungefähr 10 Tage dauernden Belagerung und auch später noch streiften schwedische Abtheilungen die Donau bis Ulm entlang und auch tief in's Land hinein, machten stattliche Beute und liessen in den Hauptorten ausreichende Besatzungen zurück. Zu Ende des Monats Mai während des Zuges des Königs durch einen Theil von Bayern (17. — 27. Aufenthalt in München) wurden diese in Schwaben vertheilten schwedischen Schaaren nach dem Süden dieses Kreises kommandirt, um die dort ausgebrochene Erhebung des Landvolkes gegen die Erpressungen und Grausamkeiten des Feindes zu überwältigen, was auch, doch nicht ohne grosse Anstrengungen, gelang.

[2]) Strass, B.-A. Neuulm.

[3]) Wohl identisch mit dem Obersten eines schwedischen Regimentes zu Fuss, der mit dem grössten Theile seiner Mannschaft im December 1632 von dem kaiserlichen Feldmarschalle Grafen Aldringer bei der nächtlichen Einnahme der bayerischen Stadt Landsberg a/Lech gefangen wurde (Schreiber a. a. O. 595).

Annus 1633. [1])

Den 13. Jan. ist das Berghoferische Regiment hieher kommen, im Gotteshaus, Thal, Thalfingen und Unter-Elchingen einlogirt

---

[1]) Um einiges Verständniss der Gründe in die Erzählung der in diesem Jahre fast ununterbrochen wechselnden Durchmärsche und Einquartierungen im Kloster und seiner Umgebung zu bringen, ist hier eine gedrängte Uebersicht der damaligen Kriegsführung, so wie sie Schwaben betraf und auf jene ihren Einfluss äussern musste, gewiss an gehöriger Stelle und passender gleich im Zusammenhange, als in einzelnen Anmerkungen, zu geben. Gustav Adolfs Tod in der Schlacht bei Lützen (16. Nov. 1632) hatte der Fortsetzung des Krieges bekanntlich nur noch grössere Erbitterung und Hartnäckigkeit verliehen, so dass selbst des Winters Strenge die Waffen nicht in sonst gewöhnlicher Ruhe zu halten vermochte. Dem kaiserlichen Feldmarschall Grafen Johann von Aldringer war der Auftrag geworden, den Westen Bayerns und wenigstens einen Theil Schwabens von den Schweden zu räumen und er vertrieb die Feinde noch am Ende des Jahres 1632 und am Anfange des folgenden glücklich aus Landsberg, Mindelheim, Memmingen, Kempten (13. Jan.) und anderen Orten, bis seinem weiteren Vordringen der auf Bitten der protestantischen schwäbischen Stände aus dem Elsass herbeigeeilte schwedische Feldmarschall Gustav Horn Schranken setzte und ihn nach dem heftigen Gefechte bei Heimertingen an der Iller (19. Jan.) zur Umkehr an den Lech bewog. Horn selbst ging hierauf über Babenhausen der Donau zu, um sich seinem Kollegen, dem Herzoge Bernhard von Weimar, der vom Stifte Bamberg her gezogen kam, zum Zwecke der Vereinigung zu nähern. Aber Aldringer kehrte wider Erwarten seines Gegners um, schlug diesen bei Illertissen (Mitte März), versäumte aber seine weitere Verfolgung und liess ihm die Möglichkeit, neue Truppen, so die Wirtemberger, an sich zu ziehen und seinen Marsch über Ulm nach Augsburg zu nehmen, wo er sich mit dem Herzoge am 29. März wirklich vereinigte, um von da gemeinsam in Bayern einzufallen, das umsonst die oft versprochene Hülfe von dem gegen den Kurfürsten mit Rache erfüllten Fürsten Waldstein erwartete. Beide schwedische Feldherrn machten Neuburg an der Donau und Donauwörth zu Ausgangspunkten ihrer nach allen Seiten sich erstreckenden Raubzüge, unter deren unglücklichen Opfern auch Günzburg namentlich angeführt wird. Als Horn im August die Nachricht erhielt, dass in Tirol geworbene kaiserliche Regimenter von Schongau aus nach Oberschwaben gezogen seien, schickte er erst den Obersten Degenfeld von Donauwörth gegen diese und brach, als er überdiess vom Anzuge eines spanischen Heeres unter dem Herzoge von Feria aus Italien vernahm, am 18. Aug. selbst mit 6000 Mann zu Fuss und 3000 zu Pferd aus genannter Stadt nach dem Süden Schwabens auf. Nachdem die Vereinigung der Kaiserlichen mit den Spaniern und der Entsatz von Breisach, der wichtigsten Festung im Elsass, ohne dass Horn es hindern konnte, gelungen war, ging der kaiserliche Feldmarschall über den Rhein zurück und gedachte die Winterquartiere in Wirtemberg zu nehmen, wurde aber von jenem, der ihm die Donau entlang folgte, daran gehindert und genöthigt, sich die Iller aufwärts zu wenden und diese bei Memmingen, sowie den Lech bei Schongau überschreitend, im südlichen Bayern sich niederzulassen, während der Schwede selbst auf dem linken Donauufer zwischen Ulm und Donauwörth, wegen höchster Ver-

worden. Im Thal und Gotteshaus sein über 200 Reiter einlogirt
gewesen und er selbst persönlich im Gotteshaus sein Quartier
gehabt. Kein schwerere und traurigere Nacht haben wir niemals
gehabt, als eben diese. Zu Thalfingen hat man in die Kirch
gebrochen, solche sauber ausgeplündert, nachmals ganz abgebrannt.
Der Obriste hat dermassen in dem neuen Bau ob der Tafel ge-
dominirt, gepoldert, geflucht, ja dermassen gubernirt und geturnirt
in praesentia Abbatis Spegelini, dass kein Wunder gewesen, Gott
hätt' sollen ein Zeichen an ihm thun, ja unserm gnädigen Herrn
solche bübische und schandliche Titel gegeben, dass es ein Gräuel
zu gedenken, will geschweigen zu reden, nicht anders, als wann
er ein Saubub wäre gewesen. Nachts um 10 Uhr hat man erst
müssen das Regal[1] herbei bringen, wie auch die Mägd aus dem
Bauhaus. Diess Hurenleben hat allerdings gewährt bis an hellen
Morgen. Morgens um 10 Uhr sein sie sammentlich nach der
Gögglinger Bruck marchirt, weil solche aber abgelegt gewesen,
ist der ganze March alsbald wieder hieher kommen und ihr Nachtquartier noch ein Nacht bei uns gehabt. Morgens um 9 Uhr
sein sie abermals hinweg gezogen. Nach 2 Stunden hat der
böse Geist den Regiments-Secretari[2] und einen anderen ver-
fluchten Soldaten wiederum herein geführt in das Gotteshaus,
welche nicht anders thäten, als wann sie wüthig wären, wir auch
nicht anders vermeint, als der ganze March komme wieder zurück,
wesswegen wir weder ein, noch aus wussten. Diese 2 wüthige
Hund setzten sich zu Tisch, frassen und soffen sich dermassen ein,

armung der Gegend zu so grosser Ausdehnung gezwungen, mit dem Haupt-
quartiere in Lauingen überwintern wollte. Im October kehrte auch Herzog
Bernhard von einer gleichen Diversion in das südliche Schwaben wieder nach
Bayern zurück, belagerte das hochwichtige Regensburg, dessen Erhaltung Tilly
noch auf dem Sterbebette empfohlen hatte, und nahm es am 4. November.
Zum Beweise, wie weit damals die Beutegier oder die Noth die Soldaten aus
ihren Quartieren hinwegführte, diene folgende Notiz aus Bürsters genannter
Beschreibung dieses Krieges S. 81: „Sübender Augusti (1633): morgens früe
umb 4 uhren haben uns (im Kloster Salmansweiler in der Nähe von Ueberlingen am Bodensee!) 150 Suedische abermahlen umbringt und unversehens
überfallen, seyen lauter nachts bei Hallgenberg herunder, under Ulm herauf
von Ginsburg oder Donawerdt dem closter zue lieb zwen tag und nacht, das-
selbe zu spollieren, gerödten, wie ihnen dan der anschlag wohl gerathen."

[1] Zunächst ein einzelnes Register in der Orgel, sodann, wie es hier zu
verstehen ist, eine solche, aber von kleinem Umfange, selbst.

[2] Der Secretär, dem eine Anzahl von Schreibern beigegeben war, zählte
zum Stabe eines schwedischen Regimentes (Heilmann, das Kriegswesen der
Kais. u. Schweden zur Zeit d. 30j. Krieges, 14).

dass sie mit Reden und Geberden mehr einem wilden Schwein
gleicheten, als einem Menschen. Die Aufwarter verkrochen sich
aus Furcht, allein unser gnädiger Herr musste bei ihnen verharren, musste von ihnen viel schandliche, ja teuflische Reden
hören und gedulden. Oft und dick haben sie auch den Grosskeller (P. Strohmayr) begehrt, ist doch nie erschienen. Wie sie
allervoll waren, haben sie auch ein Trinkgeld begehrt, bevorab
der Secretarius, welchem man auch 6 Thaler gegeben, wie auch
mein gnädiger Herr sein eigenes täglich- und stattliches Messer-
besteck, desswegen solcher wohl content in die Kutschen gesessen
und hinweg gefahren, dann er nicht reiten können, weil er aller
krumm und armselig. Der ander, und noch 2 heillose Reiter,
stiege alsbald von dem Pferd herunter, eilet unserm gn. Herrn
totus furibundus nach, ertappt solchen auf der Stieg bei der Metzg,
druckt ihn allerwüthig auf die Stieg, sucht ihn allenthalben aus,
schändt und schmächt ihn erschrecklich, zieht ihm den häsenen
Pelz ganz ab, nimmt ihn mit sich hinweg, zielt mit der Büchs
nach ihm, in Summa: nichts hats bedarft weder das Drucken, so
wäre es aus gewesen mit unserm gn. Herrn. Ja das Geschrei
ist allbereit im Convent und allenthalben erschollen, wie dass er
allbereit erschossen seie, desswegen ein grosser Jammer unter
uns entstanden und das ganze Convent unter dem Keller herfür
geloffen. Indem hörten wir unseren gn. Herrn auf der Stieg
noch erbärmlich schreien, wollten ihm gerne zu Hilfe kommen.
Indem wir wollten auf den Hof hinaus laufen, da ritte alsbald
einer unter den zweien, welche vor der Stieg auf den Pferden
hielten, mit aufgespannten Pistolen gegen uns dar, mochte uns
desswegen nicht mehr werden, als dass wir wiederum in grosser
Eil in den Kreuzgang hinein drangen, und der eine da hinaus,
der andere dort sich vor Furcht verkroch und versteckte. Viel
sein über die Mauer beim alten Bad in den unteren Garten gesprungen, unter welchen auch der Pfarrer von Unter-Elchingen
gewesen, welcher alsbald die Knoden [1]) aus einander gesprungen
und also müssen kreisen [2]) oder getragen werden, wo er hin gewollt: hat über 7 Wochen also leiden müssen, bis er curirt worden.
Interea seind diese 3 Böswicht mit unserem gn. Herrn nit anderst
umgegangen, als die Juden mit unserem Herrn. Endlich haben
sie ihn zwischen 2 Pferd in Hosen und Wammes bis für das

----

[1]) Knöchel.
[2]) kreisen = kriechen.

untere Thor hinaus geschleift. Da hat er sie gebeten, sie wollen ihm auch ein Pferd aus den seinigen erlauben, wolle mit ihnen reiten, so weit sie wollen, dann er je zu schwer sei zum laufen. Da sagt einer, er solle alsbald 50 Thaler darthun oder solle an der Statt erschossen werden, zielt auch auf ihn, als wäre es nit anderst daran. Da ritte der dritte Lottersbub enzwischen und halt den Schiessenden ab, führten oder potius schleifeten ihn wiederum gesagter massen bis für die Kellerthür. Da steigt der eine von dem Pferd und gehet mit unserm gn. Herrn mit blossem Degen in's Convent, totus furibundus, und führt ihn bis zu dem Scheerstüblen. Daselbst haben die Alten et ego und mehrertheil Patres einen Fussfall gethan, auf welche der böse Bub etliche Streich mit der blossen Wehr, dann diess im Convent sein Aufzug war, flach auf die Achsel geschlagen, in Summa: kein Gnad war vorhanden, die 50 Thaler müessten vorhanden sein. Welches als ich vermerkt, laufte ich allenthalben im Kloster herum, suchte mit lauterem Geschrei den H. Grosskeller, dann er sich gleich anfanglich dieser Action versteckt, komme endlich in die Harnisch-kammer, da kreucht nach vielem Geschrei der Unterschreiber und Grosskeller unter dem Täfer daselbst herfür, schickt diesem gräulichen wüthigen Menschen in einem Säckle 100 Thaler, welche er alsbald ungezählt angenommen, und weil auch aus dem Marstall ein stattlich Pferd fürgezogen worden, hat solches auch müssen geschenkt werden, welches als es geschehen, ist er wiederum unsers gn. Herrn bester Gesell worden und wohl content hinweg gezogen. Deus scit omnia! Nachdem dieser Lecker hinweg, sein wir allenthalben wiederum herfür gekrochen und einander aus Freuden umfangen. Den 16. Morgens um 5 Uhr sahen wir zu Gögglingen ein erschreckliche Brunst, haben nit anderst vermeint, als das Gotteshaus Wiblingen wurde abgebrannt. Dazu kame ein Geschrei von Thomertingen, wie dass ein halbe Compagnie allda ihr Quartier genommen, sagend, sie wöllen gewisslich morgen in aller Frühe in unser Gotteshaus fallen und solches ausplündern und verhörgen und sogar in die Aschen legen, desswegen wir sammentlich in grosser Furcht, nit wissend, wo aus, wo an. Morgens um 6 Uhr hebt man an, uns das Geld auszutheilen und uns in die Flucht fertig zu machen. Ein grosse Confusion war unter uns, keiner wollte der letzte hinaus sein, lufen also in grosser Confusion in den unteren Garten. Im Laufen fällt mir mein Geldbeutel aus dem Busen und das eine Stuck da, das ander dort hinaus, ware derowegen im Zusammklauben etwas dahinten

geblieben; hab nit anderst vermeint, ich wäre der letzt über die
Mauer, desswegen ich in grosser Eil mich über die nächste Mauer
gemacht, wie auch noch ein Pater oder zwen. Indem ich aber
auf dem Acker an der Mauer hinab geloffen, siehe ich das Convent
noch innerhalb der Mauren. Wem ware ängster, als mir? Etliche Landfahrer gingen dem Heustadel zu, welche, als sie mich
ersehen, hat einer mir nachgeeilt, aber bald nachgelassen. Ich
lauf den Prüel halb hinab, mit mir 2 Schülerbuben. In dem er-
sicht der eine, wie dass bei dem Aichele am Prüel 2 oder 3
Reiter auf mich lausteren, warneten mich, wendete ich mich
desswegen alsbald den hohen Rohren nach. Kaum kam ich in
die Rohr, waren die Reiter an mir. Ich fiele in diesen Rohren
in ein Graben, blieb ein Pater und Ave lang darin stecken,
wusste vor Furcht nit, was ich thun sollte. Die Reiter ritten
an mir herum, schrieen ohn Unterlass: schiess, schiess! Ich steckte
in dem Graben, konnte weder hinter sich, noch für sich. Das
Custerei-Pectoral, [1] ein guldenen Ring, etliche silberne Löffel,
wie auch 62 fl. hatte ich bei mir. Das Geld warf ich in ein
Rohrstauden, renkte mich aus dem Graben auf's best, als ich
konnte, liefe die Stauden hinein, als stark ich konnte, meinte
allweg, die Reiter wären hinten an mir, lufe also in dieser Angst
bis an die Thonau bei Leyben. [2] Daselbst hat mich und noch
einen Patrem simul et semel über die Thonau auf einem Ross
geführt Benedict Bitterolf aus dem Thal. Ich glaub, dass ich
3 Centner schwer gewesen, denn mein Pelz und alles, was ich
anhatte, war bachnass, kam also armseliglich in das Fischerhaus
zu Leyben. Allda hab ich mich ein Stund 2 aufgehalten, und
als ich gehört, wie dass das Convent wiederum sammentlich in
dem Convent [3] wäre, hab ich mich alsbald auch aufgemacht und
heimzogen und alsbald einen Mann geschickt, wo ich das gesagte
Geld hingeworfen, welches er auch alsbald gefunden und hieher
gebracht. Ist auf diessmal, Gottlob, von mir nichts dahinten
geblieben, doch haben gesagte Reiter in einem Ziechle, welches
gesagte Buben haben fallen lassen, etliche Hemder, Fazenet, wie

---

1) Die Kusterei, custodia, der Geschäftskreis des Küsters, custos, umfasste
die Anordnung des Gottesdienstes und die Beschaffung und Erhaltung der zu
diesem nothwendigen Geräthschaften, zu welchen nach obigem in Elchingen
auch ein dem Abte als Auszeichnung gebührendes Brustkreuz, pectorale, gehörte.

2) Leibe, B.-A. Neuulm.

3) Unter ersterem ist hier die Gemeinschaft der Mitglieder des Klosters,
unter zweitem aber das dieser zur Wohnung angewiesene Gebäude zu verstehen

auch etliche Breviaria und 2 silberne Becher, welche die Alten bei ihrer Pfründ pflegten zu brauchen, erbeutet; die 2 Becher und die Leinwath ist dahinten geblieben, die Breviaria haben wir wieder bekommen. Eben auf diesen Tag, id est 16. Jan., haben wir von Ulm und Leipheimb Salvaguardi begehrt, welche alsbald 24 geschickt. Die Ulmische seind doch bald wieder abgefordert worden. Viel und starke Truppen sein dieser Tage herum marchirt, auch der mehrer Theil in unsere Flecken einlogirt worden. Fast alle Ulmische Unterthanen sein mit Weib und Kind nacher Ulm gezogen und diess ist fürnemlich den 16. und 17. geschehen, dann die kaiser. Soldatesca sich stark bei Erbach und Ehingen sehen lasst. Dieser Tage hat man den Koch von Wiblingen, welcher ein reformirter Soldat unter der kaiser. Armee gewesen, gefanglich in Ulm gebracht und bei dem Profosen einquartiert; doch ist er endlich quibusdam conditionibus wiederum losgelassen worden. Den 26. und 27. haben wir abermal in dem Gottshaus 2 Cornet Reiter [1]) müssen haben, welche dem Major zugehörig. Grossen Mangel haben wir an Schmalz, Eier, Häring, Blateisslen [2]) etc., desswegen ist Mues und Kraut auf diessmal unser Fastenspeis.

Den 5. Martii sein sehr viel Wägen und 2 Compagnien Reiter, dem Schlammerstorffer zugehörig, zu Thalfingen eingefallen und den 7. Martii wieder hinweg gezogen. Zu Rammingen [3]) liegen etlich stattlich Offizier, welche sehr grossen Schaden thun und über 14 Tag allda verharret. Den 18. Martii, als wir die Rumpelmöttin [4]) hielten, haben 2 starke Compagnien Reiter, bei

---

[1]) Cornet (vom franzôs. Cornette, Fahne) hiess der Offizier, welcher die Standarte trug, und, da jede Reiterkompagnie eine solche hatte, jene, wie es hier geschiebt, selbst.

[2]) Blateisslen sind kleine Fische. In der gereimten Beschreibung der Predigt des h. Antonius an die Fische in Abrahams a S. Clara Judas der Erzschelm (Passau. Ausg. 2, 47) heisst es:

Kein Predigt niemalen
Dem Hechten so g'fallen,
Platteissl so klein
Wollten die letzten nit sein.

[3]) Rammingen, O.-A. Ulm. Damals befand sich etwa die Hälfte dieses Dorfes, von dem ehedem ein adeliges Geschlecht den Namen führte, im Besitze des Klosters Elchingen.

[4]) Rumpelmetten (von rumpeln, d. i. ein dumpfes, polterndes Geräusch machen, und Metten, matutinae, scil. orationes, dem ursprünglich auf den Anbruch des Morgens treffenden Theile des in Klöstern üblichen täglich siebenmaligen Chorgebetes) heisst noch in Schwaben und Bayern der am Mittwoch, Donnerstag und Freitag der Charwoche in den katholischen Kirchen übliche

400 Mann stark, bei unserer Bruck durch die Thonau wollen
setzen und das Gotteshaus ausplündern, welche uns sehr fast gedrohet; sein also daselbst bei 4 Stund verharret. Weil sie aber
solches nit konnten in das Werk richten, sein sie nacher Leipheimb [1]) gezogen, in Meinung, daselbst über die Brucken zu kommen und alsdann uns heimzusuchen, welches ihnen auch gefehlt,
dann wir den Junker alsbald um Hilfe angeruft, welcher uns
alsbald 14 Musquetiere geschickt und diese Trupp, als sie zu ihm
kommen und über die Bruck begehrt, abgewiesen. Dergleichen
thaten auch Ulm und Langenau. Baten auch die von Lauingen,
dass sie solche gleichfalls nit wollten überlassen, welches sie uns
auch alsbald zugesagt und gehalten haben. Wir haben also
5 Tisch Soldaten über 14 Tag gespeist. Unsere Unterthanen
sowohl diess- als jenseits der Thonau sein auf diessmal sehr ruinirt
worden, ja haben allenthalben müssen aus denen Flecken ziehen.
Wallstötten, Hausen, Stoffenried [2]) etc. sein auf diessmal in den
Grund verderbt worden. Wir haben dieser Tage bei Tag und
Nacht erschreckliche Brunsten gesehen. Die Pflüg zur Habersaat
haben die Leut aus Mangel der Rossen ziehen müssen. Das
Schmalz, Salz, Eier etc. sein sehr theuer, so viel Eier, so viel
Kreuzer. Ein Kalb 5 und 6 fl., ein Salzscheiben 9$\frac{1}{2}$, fl. Zu
Günzburg hat man diese Zeit anfahen, zinnerne Kelch zu machen,
weilen die silberne fast alle von denen Soldaten hinweg genommen worden. Die Geistlichen wie auch alle Pfarrherren müssen
weltlich aufziehen und sich für Handwerksleut austhun. Der
gn. Herr Propst von Wettenhausen, Erhardus Spegele, hat sich
für einen Glaser ausgethan, hätte er sollen ein Fenster machen,
wär es übel gangen; ist nit gewiss, dass er hätte können ein
Scheiben einsetzen, der H. Grosskeller daselbst für einen Mühler-
knecht, auch lang in der Mühlen als ein Knecht geschafft, der
H. Christoph für einen Schneider etc.

und aus Psalmen, Lesungen und Gebeten bestehende Abendgottesdienst, dessen
Beendigung nicht mit dem gewöhnlichen Geläute der Glocken, sondern mit dem
dumpf tönenden Schallen von eigens hiezu verfertigten Holzinstrumenten, den
sog. Ratschen, verkündigt wird.

[1]) Stadt Leipheim an der Donau, B.-A. Günzburg, kam i. J. 1374 von der
Familie der Güssen durch Kauf an den Grafen Eberhard von Wirtemberg und
i. J. 1453 auf gleiche Weise um 23,200 fl. von dem Grafen Ulrich an die Stadt
Ulm, welche daselbst ein Obervogteiamt errichtete. In obigem Junker von
Leipheim haben wir ohne Zweifel den damaligen Ulmischen Obervogt daselbst,
häufig einen Ulmischen Patrizier, zu erkennen.

[2]) Waldstetten, B.-A. Günzburg, Hausen und Stoffenried, B.-A. Illertissen,
alte Elchingensche Besitzungen.

Um den 11. April ist man jenseits der Thonau stark nacher Thonawörd marchirt.

Den 25. Maii sein wiederum 2 Regimenter nacher Gögglinger Bruck marchirt, welchen noch etliche Compagnien Reiter nach und nach gefolgt, doch, Gottlob, uns ohne Schaden. Das Fest Corporis Christi haben wir wegen der Soldaten müssen unterlassen. In ipso festo hat es fast geschnieen, auch etliche starke Reifen gehabt. Vieh und Ross haben wir müssen besserer Sicherheit halber durch die Thonau schwemmen. Den 28. und fort sein wir oft und dick von denen Gutthätern, ja vom Ulmischen Rath, ja von H. Hans Schaden selbst gewarnet worden, dass wir alle lieben Sachen flehnen sollten, desswegen wir viel, sowohl Früchten, als anders nach Ulm geführt. Ist uns auch versprochen worden, dass, wann mein gn. Herr und sein liebes Convent ein Noth sollte angehen, wir alsbald nacher Ulm kommen sollten. Den 29. Maji haben die Schwedische Soldaten im Vorstättlen Günzburg ein Haus 6 oder 7 abgebrannt, weil die in Wuehr solches nit haben wollen ausrauben lassen. In dem Burgauisch- und Vorderösterreichischen sein etliche Flecken allerdings gar abgebrannt, ja auch die Leut sehr übel tractirt und deren viel gottsjämmerlich gemördert und niedergemacht, alle Flecken über der Thonau rein ausgeplündert, auch fast alle Ross und Vieh hinweg geführt worden. Den 30. Maji ist des H. Probst von Wettenhausen Vater zu Günzburg zu todt geschlagen worden.

Den 16. Junii haben die Soldaten Georgen Hobel zu Stoffenried den Mund aufgesperrt, die vorderen Zähne eingeschlagen und 6 Kübel Wasser in den Mund hinein gegossen. [1]) Ist doch mit dem Leben darvon gekommen. Den 26. Junii ist Oberster Gunn mit 30 Pferden in das Gotteshaus kommen, den 30. wieder

---

[1]) Das war die Marter, deren sich die Schweden häufig bedienten, um Personen zur Entdeckung des wirklichen oder vermeintlichen Versteckes von Werthsachen zu bewegen, und die unter dem Namen des Schwedentrunkes in den meisten von diesen durchzogenen Gegenden in traurigem Andenken geblieben ist. Zu obiger Schilderung ist noch beizufügen, dass dem also mit Wasser oder mit den eckelhaftesten Flüssigkeiten bis zum Zerspringen Angefüllten, der geknebelt auf dem Boden lag, die Grausamen auf Bauch und Brust traten, so dass die eingegossene Masse unter grössten Qualen wieder ausfloss. Fr. Sattler erklärt in seiner Gesch. des Herzogth. Würtenberg unter der Regierung der Herzoge, 7, 91, unumwunden als das Betrübteste, dass die Schweden und ihre Bundesgenossen durch ihre an Freunden und Feinden begangenen so ausschweifenden Grausamkeiten und Verheerungen der Länder sich ebensowohl den Evangelischen als Katholischen äusserst verhasst machten.

hinweg gezogen, hat grossen Schaden gethan ·in Kuchen und
Keller, wie auch im Futter. Dieser hat zu Unter-Elchingen
10 Fahnen [1]) Reiter gehabt, doch ein Fahnen über 30 Personen
nit stark.

Den 21. Julii haben etliche Reiter in der Pfarr Ross und
Vieh vollend hinweg getrieben, welchen unsere Salvaguardi 3 Ross
abgejagt und sich mannlich widersetzt. Den andern Tag haben
sie, bei 200 stark, wollen über die Thonau setzen und uns ausplündern, aber solches nit können verrichten. Damals haben sie
in dem Wirthshaus zu Nersingen [2]) ein lang verborgenes Gewölb
ausgeplündert, welches ein kleines Mägdlen verrathen hat. Vor
einer Wochen 3 hat unser Vieh anfahen zu sterben und allbereit
über 50 Haupt gestorben. Den 31. Julii sein bei 100 Haupt
Kloster- und Majorsvieh gestorben, hat doch dieser Zeit aufgehört,
dieweil man einen Schmalzballen und ein Traget Brod nacher Ulm
in das Siechenhaus geschickt. Jenseits der Thonau hat man die
lieben Früchten schwerlich können heimsen und solches nur bei
Nacht und mehrertheil auf dem Buckel.

In festo S. Bartholomaei (24. Aug.) ist der Obriste Degenfelder mit 7 Fahnen Reiter gen Unter-Elchingen und ein Regiment
Fussvolk gen Thalfingen kommen. Er selbst ist zu Nacht um
8 Uhr auf der Post hieher in's Gottshaus kommen, den andern
Tag zwischen 12 Uhr wohl content nacher Blaubeüren und von
dannen nacher Villingen gezogen. Helf Gott Villingen! Diesem
Obristen haben wir 1600 Thaler müssen stracks erlegen, welches
auch geschehen, als sie zu Ulm fürüber marchirt. Altera die
kommen abermal 3 Obriste, welche auch 600 Thaler begehrt,
welches wir alles in grosser Eil zu Ulm müssen aufnehmen und
für solches all unser Silbergeschirr, wie auch unsern silbern Stab,
Monstranz und Kelch versetzen. Den 27. haben wir sammentlich
zu Nacht zwischen 12 und 1 Uhr auf dem Schlafhaus 3 mal ein
erbärmliches Geschrei gehört, ab welchem wir höchlich erschrocken,
doch nit können wissen, woher es kommen wäre. Die andere
Nacht hernach zwischen 3 und 4 Uhr hat auch der Wachter
dergleichen gehört. Den 30. Aug., wie auch den 4. Sept. ist der
Obriste Berghofer, welcher meinen gn. Herrn den 15. Jan. so
hässlich tractirt, wiederum hieher in's Gottesbaus kommen, ab
welchem wir sammentlich, insonders unser gn. Herr, sehr er-

---

[1]) Eine Fahne hier gleichbedeutend mit dem obigen Cornet, also eine
Reiterkompagnie.

[2]) Nersingen, B.-A. Neuulm.

schrocken, fürchtend, er möchte vorige Grausamkeit exerciren, doch, laus Deo, sich sehr freundlich und mild gegen männiglich, insonders gegen unseren gn. Herrn, erzeigt, ja auch uns getröstet, wie dass uns im wenigsten, sowohl von den seinigen, als anderen solle geschehen. Ex lupo factus est ovis!

Die Gotteshäuser in dieser Gegend herum sein denen Schwedischen Obristen einhändig gemacht worden [1]: dem Obristen Beyschlaff das Gotteshaus Wiblingen, welcher dem Herrn Prälaten und Convent gegeben, dass sie den blutigen Hunger haben müssen leiden (alles Einkommen hat er an sich gezogen), dem Berghofer die Herrschaft Schemmerberg, dem Degenfelder 3 Klöster in Schwäbisch Gemünd. [2] Unsere Wein, Salz, Schmalz und andere zur Haushaltung gehörige Sachen sein allerdings gar hin. In all unseren Flecken hat man eine Steuer angelegt, vom 100 2 1/2 fl., welche denen Unterthanen schwer fällt, uns noch schwerer. Weil aber die Noth so gross, hat solches nit können vermieden bleiben. Den 17. Sept. haben die Croaten das Ulmer und Pfueler Vieh, in allem über 1500 Haupt, bei denen Schützenhäusern hinweg gegen Memmingen getrieben. Die Ulmer haben alsbald einen Trompeter dahin geschickt, solches um — — —

(NB. Hic desideratur unum folium, was vom 17. Sept. bis den 5. Nov. geschehen. Ist in der Plünderung verloren worden.)

---

[1] Als sich Herzog Bernhard von Weimar in Neuburg an der Donau befand, brach unter seinen Offizieren der wegen der Soldrückstände schon lange erregte Unwillen in offene Empörung und Aufkündigung des Dienstes aus, wesshalb dieser den Marschall Horn schleunigst zum schwedischen Kanzler Oxenstierna mit der Aufforderung zur ungesäumten Beischaffung von Zahlungsmitteln schickte. Letzterer brachte im Juli nebst einer bedeutenden Summe zur Befriedigung der niederen militärischen Chargen das Versprechen zurück, dass die höheren Offiziere statt des Geldes zu reichem Ersatze deutsche Besitzungen erhalten sollten, von welchen dem Herzog selbst das Herzogthum Franken zufiel, dessen Uebertragung aus schwedischer Hand er ungescheut annahm.

[2] Der mit dem Stifte Wiblingen Beschenkte, dessen Namen hier wahrscheinlich durch Unkenntniss des Abschreibers so arg verstümmelt erscheint, war der schwedische General Joachim Wizlaff, der am 28. August 1633 von dem erhaltenen Gute Besitz nahm. Derselbe wird aber in der Geschichte der Abtei (von M. Braig S. 207) im Gegensatze zu obigem Urtheile als ein milder, gegen Abt und Mönche sehr liebevoller und gnädiger Herr geschildert, der die diesen versprochenen Geldbezüge aus dem Grunde der damals fast gänzlichen Ertragslosigkeit der Stiftsgüter unmöglich bezahlen konnte. — Schemmerberg, O.-A. Biberach, war eine Herrschaft des Klosters Salmansweiler.

— begehren und solchem in allem vollen Gewalt sollten geben. Wann solches geschehe, wollten sie uns vor dergleichen Anläuf beschützen und beschirmen. Welchen man geantwortet, sie mögen einen heraus setzen, wir seien nit gesinnt, einen zu begehren. So solle, sagten sie weiter, der Prälat mit seinem Convent zu Ulm in unserem Hof wohnen, so wollen sie einen weltlichen Verwalter heraus setzen und wir sollen einen ihm zugeben, welchem auch nein geantwortet worden. Wie es uns ergangen auf diese abschlägige Antwort, folgt hernach.[1]

Den 5. Nov. sein zu Leipheimb morgen um 6 Uhr über 200 kaiser. Reiter eingefallen. Ist ohngefähr der Junker zu Ulm gewest, sonst hätten sie ihn im Bett ertappt. Das Stättlen ist sehr ausgeplündert worden, wie auch alles Vieh und etliche Güterwägen mit sammt den Rossen hinweg genommen worden. Als sie aber im Rauben und Saufen allzu gierig gewesen und sich zu lang in solchem belustiget, haben die Ulmische, Langenauer und andere auf sie gesetzt, 2 oder 3 im Stättlen ertappt, solche niedergemacht, zwischen Rieden und Oxenbrunnen[2] bei 20 ertappt, solche gen Ulm gefanglich geführt. Den 12. Nov. sein von Leipheimb bis 50 Personen mit Weib und Kind gegen Nacht um 4 Uhr hieher in's Gotteshaus kommen, um Nachtquartier gebeten, welches ihnen auch vergunnt worden. Diese haben nit anders vermeint, als das Stättle Leipheimb werde selbige Nacht abgebrannt werden, indem die kaiserische Reiter ihnen solches gedrohet, weil sie ihre Soldaten gefanglich nacher Ulm geführt, desswegen sie auch nacher Ulm ganz ertattert geflohen. Aber auf diessmal ist ihnen nichts geschehen. Unter diesen ist auch gewesen des Junkers leibliche Schwester, Stumppen (?), und Konrads Hausfrauen, wie auch der Prädicant von Burttenbach[3] mit Weib und Kind, welcher unter anderen auch ein silbern Kelch oder 2 bei sich gehabt. Wie er solche gekriegt, ist gut zu erachten.

Den 27. Nov. hat Herr Grosskeller P. Jo. Strohmayr persönlich mit 17 Wägen in finsterer Nacht die Früchten aus dem Zehentstadel zu Wallstötten und Stoffenried abgeholt, doch den Junker zu Leipheimb um Pass und Repass gebeten, welches er gern vergunnet. Dieser Tagen haben die kaiser. Reiter, welche zu

---

[1] Offenbar wurde damals dem Kloster von der Stadt Ulm der Vorschlag gemacht, sich ganz in den Schutz und die Oberhoheit desselben, angeblich zu grösserer Sicherheit, zu verfügen.

[2] Rieden und Oxenbrunn, B.-A. Günzburg.

[3] Burtenbach, B.-A. Günzburg.

Weissenhorn gelegen, den Vogt von Wallstütten und Stoffenried
gen Weissenhorn in Verhaft genommen wegen unerschwinglicher
Anlag, welche sie haben sollen erstatten, und indem sie daselbst
gelegen, haben die Schwedische, welche zu Günzburg gelegen,
auch ein grosse Summa Gelds von besagten beiden Flecken begehrt.
Den 8. 9. und 10. Dec. ist der Altringer mit 3 Regimentern,
wie man sagt, zu Leipheimb und dieser Orten gelegen. Der
Gustav Horn aber, wie man gleichfalls sagt, bei 14,000 stark,
hat sich bei Erbach und dieser Gegend sehen lassen, welche
beede einander über die Thonau und Yler gefolgt und allgemach
nach dem Bayerland gezogen. Sein wir diessmal, Gottlob, ohne
sonderlichen Schaden darvon kommen. Aber jenseits der Thonau
vom 11. bis 18. Dec. ist allenthalb dermassen ein Plündern, ein
Rauben, eine Verhörgung und Verderbung gewesen, dass Niemand
zu Haus hat derfen bleiben, und so sie etwan einen oder eine
ertappt haben, haben sie solche erschrecklich tractirt, geschlagen
und gepeiniget. Insonders haben sie grosse Ueppigkeit mit den
ertappten Frauen geübet, auch deren viel, wie auch etliche
7 jährige Töchterlein, gar hinweg geführt, in summa: dermassen
haben sie übel gehauset, dass schwerlich mehr in dieser ganzen
Revier zu hausen ist. Sehr viel todte Menschen sein allenthalben
sowohl auf denen Strassen als Gassen gefunden worden. Viel
Brunsten sein dieser Tag auch allenthalben sowohl bei Tag als
bei Nacht gesehen worden. Den 18. Dec. hat dieses Elend ein
wenig anfahen ein End nehmen, indem der General Gustav Horn
zu Nacht zu Günzburg das Nachtquartier genommen, morgens
aber mit voller Macht über Laninger Bruck gezogen. Den 19. Dec.
hat abermal der Obriste Gonn das Nachtquartier bei uns gehabt.
Als er aber morgens hat wollen hinweg ziehen und noch auf
dem Hof gehalten, ist des Obristen Brenckherts Regiments-
Quartiermeister hereinkommen und mit Gewalt, doch ohne Hand-
anlegung, das Quartier bei uns genommen, ein Pferd 12 in's
Gotthaus, 1 oder 10 in's Thal gelegt. Diesen hat man nit stattlich genug tractiren können, ja das Convent hat Fisch und Fleisch
sparen müssen und ihm geben. Dieser begehrt trutziglich innerhalb 9 Tagen 960 fl. für Ranzion, [1] welches man ihm auch erstatten müssen. Den 21. Dec. gegen Nacht haben bei dem Bild-
säule 3 Cornet Reiter bei 3 Stunden gehalten, welche ganz bezecht

---

[1] Ranzion, eigentlich Lösegeld, mit welchem Kriegsgefangene ehedem
losgekauft werden mussten, hier aber jedenfalls in dem Sinne einer um Befreiung von Plünderung zu bezahlenden Summe.

und ganz grimmig über das Gotthaus gewesen, desswegen wir
auch in grosser Furcht gestanden, auch nit anders vermeint, wir
werden auf diessmal ausgeplündert und verjagt werden. Zu welchen gesagter Quartiermeister und noch etliche Ulmische Salvaguardi, welche allhier lagen, ganz mannlich hinausgezogen, ihnen
auch tapferen Widerstand gethan, und nach vielen bösen Worten
und allerdings Streichen haben sie solche ohn einigen Schaden
nacher Unter-Elchingen gewiesen. Dieser obrister Regiments-
Quartiermeister soffe den ganzen Tag Wermuth, ist oft auf 1 Tag
auf 6 Mass Wermuth kommen.

Annus 1634. [1]

Den 10. Jan. ist das Brenckhertische Volk voll von hinnen
hinweg gezogen. In der Nacht zuvor hat es allerdings einen

---

[1] Die Hauptereignisse in der Kriegsführung dieses Jahres, auf welche sich
die Notizen des Tagebuches mehr oder minder beziehen, sind, kurz geschildert,
folgende: Schon am 18. Januar verliess der schwedische Feldmarschall Horn
seine Stellung am linken Donauufer und sein Hauptquartier in Lauingen, ging
bei Ulm über den Fluss und zog nach Oberschwaben, um die dort liegenden
kaiserlichen Regimenter zu vertreiben und ihre Lagerplätze selbst zu besetzen,
was ihm auch grossentheils gelang. Er eroberte (am 25. März) Biberach,
Kempten, Memmingen u. a. O. und blieb bis Mitte des Monates Mai in der
Gegend des Bodensees. In dieser Zeit jedoch brach er auf, um der von den
Schweden besetzten, aber von den Kaiserlichen gefährdeten Stadt Regensburg
Hilfe zu bringen. Nach der Ermordung des verrätherischen Fürsten von Waldstein am 25. Februar zu Eger und der Ernennung des Sohnes des Kaisers,
des bereits als König von Ungarn und Böhmen gekrönten 26jährigen Ferdinands
zum Oberbefehlshaber des Heeres war wieder Sicherheit und Energie in die
lang mehr als zweideutige und gelähmte Betreibung des Krieges auf Seite der
Kaiserlichen gekommen, gewannen dieselben immer mehr vom verlorenen Terrain
und rückten zur Eroberung der wichtigen Donaustadt, des eigentlichen Schlüssels
der österreichischen Erbstaaten, heran. In Donauwörth vereinigte sich Horn
mit dem Herzoge Bernhard von Weimar und beide führten ihre Heere (circa
24,000 Mann) in verwüstendem Zuge über Freising und Moosburg nach Lands-
hut, bei dessen Vertheidigung der schon öfter erwähnte Feldmarschall Aldringer
fiel, kehrten aber bei letztgenannter Stadt auf die Schreckenskunde, dass Regensburg am 26. Juli sich dem Könige ergeben habe, wieder nach Schwaben
zurück. Um den nun erreichten günstigen Wechsel im Gange des Krieges
nicht verloren gehen zu lassen, nahm Ferdinand den schleunigen Weitermarsch
durch die Oberpfalz, um zunächst diese von den Schweden zu befreien, nach
Schwaben, während der kühnste Reitergeneral des ganzen Krieges, Johann von
Weert, mit seinen sieben Regimentern nach allen Seiten hin weitab vom
Hauptheere seine Schrecken mit Blitzesschnelle entbreitete. Die beiden schwedischen Feldherrn waren über Augsburg, Günzburg (16. Aug.), Leipheim (19. Aug.),

Lärmen erhebt. Indem die Jungen das Nachtessen über ihren Tisch geholet, sagt der eine: Koch, richt uns wohl an, dann wir morgens marchiren müssen! welchem unserer Kuchenjungen einer geantwortet, nomine Joseph, habt gut Herz, man wird euch das Henkermahl geben, welcher solches alsbald seinem Herrn, dem Regiments-Quartiermeister, referirt, welcher solches sehr hoch aufgenommen, dann er von Natur ganz kizelich, und aus grimmigem Zorn gemeldte Wort oftermal ob der Tafel wiederholet zum Hohn und Spott Rdi nostri. Desswegen der Joseph alsbald ein Abbitt thun müssen und darnach in den Thurn, ab welchem er ein wenig gestillt worden. Den 13. Jan. ist ein Rittmeister und ein Cornet vom Brenckbertischen Regiment mit etlich anderen Reitern allhier im Gottshaus ankommen, bei 8 Tag geblieben,

wo sie die Donau überschritten, dann über Giengen, Heidenheim und Bopfingen, zuletzt unter beständigen kleineren Kämpfen mit den nachdrängenden Kroaten, nach Nördlingen gekommen, das als bedeutender Stützpunkt ihrer Sache galt und desshalb den Feinden, die es einschlossen, nicht ohne Widerstand preisgegeben werden sollte. Aber Uneinigkeit der beiden verzögerte den Kampf der wichtigen Entscheidung, bis der Kardinal-Infant Ferdinand von Spanien mit 15,000 Spaniern und Neapolitanern (den Welschen des Tagebuches) das Heer des Königs, seines Schwagers, verstärkt hatte. Endlich am 6. September rangen die Heere in der blutigsten Schlacht des ganzen Krieges, deren Ausgang für die Schweden der unglücklichste war, Horn in Gefangenschaft brachte und seine und seines Kollegen Regimenter in wildeste Flucht auflöste. Nach derselben setzte der König, dem der Graf Gallas, ein Schüler Tillys, helfend mit Rath und That zur Seite stand, die Unterwerfung Schwabens fort, während Theile seines Heeres erobernd nach dem Norden und der zum Lohne seiner Tapferkeit am entscheidenden Tage zum Feldmarschall-Lieutenant erhobene von Weert schon an den Rhein eilten, und nahm sein Hauptquartier in Stuttgart, das schnell kapitulirt hatte. Während auf Grund des glänzenden Sieges der Kurfürst Johann Georg von Sachsen sich zum Bündnisse mit dem Kaiser neigte, das aber erst im folgenden Jahre 1635 zu Prag seinen Abschluss fand, glaubten die unversöhnlichen Feinde des Kaisers, der schwedische Reichskanzler Oxenstierna und seine Bundesgenossen, darunter die Stadt Ulm, Rettung von gänzlichem Unterliegen nur im Werben französischer Hilfe zu finden, um das der schlaue Premierminister, Kardinal Richelieu, Deutschlands gefährlichster Feind, schon lange vorher selbst geworben hatte und dem er desshalb bereitwilligst jetzt eine ausgiebige Unterstützung versprach und sogleich durch Truppensendungen über den Rhein gewährte. Der grössere Krieg tobte von da an wohl in der Ferne von dem Aufenthalte unseres Berichterstatters, der nicht minder verderbliche kleinere aber bedrängte diesen ohne Unterlass, weil die Nachbarstadt die ihr durch den kaiserlichen Obersten Ossa überbrachte Aufforderung zur Unterwerfung unter den Kaiser entschieden abgewiesen hatte und hierauf zu ihrer Bezwingung zahlreiches Kriegsvolk heranzog und um die Mauern sich lagerte.

unsaubere Gesellen, insonders wann sie Wein haben. Den 17. Jan.
ist auch der obriste Wachtmeister gesagten Regiments[1]) mit etlichen stattlichen Offizieren in's Gottshaus kommen, welchem man
zu Ulm auch 960 fl. hat müssen erlegen. Diese haben uns in
Kuchen und Keller fast den Garaus gemacht, und nachdem sie
fast alle meines gn. Herrn Söhne worden, sein sie wohl content
den 18. Jan. gegen Nacht um 4 Uhr hinweg gezogen, doch wegen
des Ungewitters der mehrer Theil wieder herein kommen und
morgens früh ihren March genommen nacher Langenau. Auf den
Abend ist der gesagte Wachtmeister mit 3 oder 4 Leûtenanten,
3 Corneten abermal hieher kommen und allhier verblieben in
Salveguardi Statt, bis der volle Brenckhartische March, zu Fuss
der mehrer Theil (dann die Reiterei im Kammelthale[2]) hinauf
kommen) fürüber war, welcher, Gottlob, ohne Schaden Langenauer
und Göttinger[3]) Strass hin auf Söfflingen[4]) zu gezogen. Den
20. Jan. um 12 Uhr sein sie sammentlich hinnach gefolgt, doch
uns einen Quartiermeister, einen Secretarium, einen Trompeter
Böswicht und etliche Kranke allhie gelassen. Kaum seind diese
hinaus kommen, ist alsbald der obriste Lientenant dieses Regiments hereinkommen, sehr übel content, dass sich die vorige so
lang allhier hatten aufgehalten, doch morgens um 10 Uhr wohl
content nach Ulm gezogen. Den 25. Jan. ist abermal Rittmeister
Paur vom Obersten Vrangel hieher in's Gottshaus kommen, welcher sehr wüthig und trutzig ebnermassen 960 fl. ohne Verzug
haben will, welches ebenfalls hat müssen geliefert werden. Er
ist wohl content den 28. Jan. von dannen gereist, welchem auch
alle allhier gebliebene Kranke und andere gefolgt sind. Dieser
hat uns eine Salvaguardi im Gottshaus gelassen, desswegen wir
auch vieler Einlogierung befreit gewesen. Gott gebe besser Glück!

[1]) Der Stab eines schwedischen Infanterie-Regimentes bestand aus 1 Oberst,
1 Oberstlieutenant, 1 Obristwachtmeister, 1 Regimentsquartiermeister, 1 Sekretär
mit seinen Schreibern, 1 Feldgeistlichen, 4 Chirurgen, 1 Profossen mit seinen
Gehilfen. Die Kompagnie führten 1 Hauptmann, 1 Lieutenant, 1 Fähndrich,
1 Feldwebel, 1 Sergeant, 1 Rüstmeister, 1 Musterschreiber, die Korporale und
Rottmeister. Bei einem Kavallerie-Regimente war der Stab derselbe; die Es-
kadron hatte 1 Rittmeister, 1 Lieutenant, 1 Cornet, 1 Wachtmeister, 1 Quartiermeister und die Korporale (Heilmann a. a. O. S. 14 u. 45).

[2]) Das Flüsschen Kammel oder Kamlach entspringt bei Oberkammlach,
B.-A. Mindelheim, und vereinigt sich bei Mindelaltheim, B.-A. Günsburg, mit
der Mindel, die bei Gundremingen, B.-A. Dillingen, in die Donau fliesst.

[3]) Göttingen, O.-A. Ulm.

[4]) Söfflingen, damals ein Nonnenkloster vom Orden der Klarissinen, O.-A. Ulm.

Den 6. (?) Jan. ist ein Cornet vom Obristen Franckhen mit einem Pferd 9 ins Gottshaus kommen aller kolderisch [1]) und gesoffen, welcher Vorhabens, sein Quartier eine Zeit lang allhier zu haben und seinen Musterplatz auch allhier zu halten. Dieser will aus der Kuchen stattlich gehalten werden. Den 7. (?) Jan. hat gesagtes Cornets Soldaten einer gegen Vesperzeit um 3 Uhr unseren Salvaguardi von Ulm in grosser Furie 2 grosse Wunden auf den Kopf gehauen in unsers gn. Herrn Stuben. In diesem Jammer ist unser gn. Herr, wie auch der H. Grosskeller gefährlich krank gelegen, desswegen schwerlich daher gangen in allen Sachen. Den 12. Febr. ist P. Joan. Strohmayr Grosskeller zu Nacht um 10 Uhr in Gott verschieden. Den 10. Februar seind bei 16 Reiter und 12 Fussgänger von der Stadt Ulm hieher geschickt worden, besagten Thäter zu fahen, sein aber morgens unverrichter Sachen wider nach Ulm zurück. Der Thäter ist ganz freudig und muthig durch sie sammentlich geritten, hat ihn doch keiner dürfen angreifen. Fast täglich müssen wir mezgen, dann gesagter Cornet uns in Kuchen und Keller täglich angst und bang machet, dann nirgends kein Regiment gehalten wird. Das Thorhaus hat ein krummer Soldat mit seiner grossschwangern Frauen, beide etc. etc., eingenommen, welche mit Saufen und Fressen und Ladung dazu allerhand Gäst erschrecklichen Schaden thun. Auf einen Tag haben sie 30 Mass Wein gesoffen und solches fast täglich. Den 26. Febr. ist Rittmeister Lindenauer, welcher ein Tag 2 hier gewesen, ein tapferer und dem Gottshaus wohlgeneigter Cavalier, wieder von hinnen hinweg gezogen mit Versprechung, er wolle drum und dran sein, dass alle Soldaten avocirt werden.

Den 6. Mart. ist Obrister Vrangel hieher kommen mit etlichen Pferden und morgens auf der Post nacher Munderkingen [2]) gereist. Den 8. Mart. ist Rittmeister Paur hieher kommen und morgens viel seiner allhier liegenden Soldaten mit sich hinweg genommen, bevorab den hochschädlichen in dem Thorhaus, doch den Cornet mit etlichem Frauenzimmer allhier gelassen. Diese haben uns in Kuchen und Keller allerdings den Garaus gemacht, die Korn- und Haberbühnen, wie auch fast alles Vieh im Bauhaus hinweg gefressen. Dieser Cornet hat ein Hund oder 4, wollte lieber soviel Mann füttern, als sie, dann man ihnen in der Kuchen

[1]) Kolderisch von koldern = lärmen, zanken.
[2]) Stadt Munderkingen, O.-A. Ehingen.

nie genug zu essen hat geben können. Die Fleischsuppen, so
man ihnen gegeben, haben noch müssen geschmalzen werden;
so etwas auf der Tafel von Fleisch oder Bratens überblieben,
hat man's ehender den Hunden, als den Aufwartern gegeben.
Den 17. Mart. war Freitag und hatte ich weder in der Kuchen
noch anderswo einiges rinderne Schmalz, desswegen ich in Eil
nacher Ulm um ein ℔ 5 müssen schicken. Darzu kame gegen
Nacht ein Cavalier mit 20 Pferden. Wem war ängster als mir
armen Kuchenmeister? die Kuch war leer, im Keller war wenig
zu finden. Den 22. Mart. ist ein Quartiermeister von des Ritt-
meisters Paurs Compagnie allerverwundt mit Weib und Kind und
12 Pferden allhier ankommen und ob dem Keller beim Oug (?)
sein Quartier genommen, bis er geheilt worden. Den 24. Mart.
ist des Obengesagten Hausfrau bei Georg Schueler des Kinds
niederkommen, desswegen auf gesagten Tag ein stattliche Kinds-
tauf angestellt worden, wobei der Prädicant von Göttingen hat
müssen taufen. Hat's wollen in unserer Kirchen taufen, ist aber
abgeschlagen worden. Nach der Tauf haben sie, wie auch der
Prädicant, im Gottshaus stattlich gebanketirt, gefressen und gesoffen. Darauf, das Gütle muss voll hindurch! Ohn Unterlass
hab ich 3 Köchinen in der Kuchen gehabt, welche gleichsam
Tag und Nacht gekocht. Den 28. Mart. morgens ist Rittmeister
Lindenau mit 18 Pferden hieher kommen und der mehrer Theil
stattliche Officier, doch nach gehabter Mahlzeit sammentlich
hinweg gezogen. Diese haben mit sich 3 kaiserische Officier
hieher gebracht, welche sie zu Biberach gefänglich bekommen,
unter welchen ein Graf und ein Truchsess von Zeyl. Diese
sammentlich convoyrten den Commandanten von Biberach nacher
Ingolstatt, welchen sie zu Biberach den 14. Martii bekommen. ¹)
Kaum waren diese hinweg, da kommt ohnversehener Sachen der
Rittmeister Paur mit 5 oder 26 Pferd. Morgens hat er 14 Pferd
nach Thalfingen commandirt, das andere bleibt hier, weiss Gott,

---

¹) Die Stadt Biberach ergab sich, nachdem durch eine zweitägige Kanonade
Bresche geschossen war, dem Feldmarschall Horn am 24. März durch einen
Accord, in welchem der Besatzung unter dem Kommandanten, Obersten Strasoldo,
freier Abzug mit Hinterlassung der Oberwehr und der Fähnlein und mit Convoy,
schützender Begleitung, bis Ingolstadt gewährt wurde. Von dieser Bewilligung
aber machten nur der genannte Oberst, der sie durch die Drohung, widrigen-
falls den ganzen Ort in die Luft zu sprengen, erhalten hatte, einige Offiziere
und deren Dienerschaft Gebrauch, während alle anderen Soldaten, 1500 Mann
zu Fuss und ein Fähnlein Reiter, sich in schwedische Dienste begaben (Theatr.
Europ. 3. 186).

wie lang. Diese machen uns in allen Sachen den Garaus. Den
29. Martii hat gesagter Rittmeister Paur einen seiner Jungen,
welcher sich in seiner Absenz allhier satis importune gehalten,
selbst dermassen geprügelt, dass es erschrecklich zu hören gewesen, ja über 200 Streich mit einem Stecken, welcher dicker
als ein Besenstiel, gegeben, darnach erst in unsern Thurn sperren
lassen, nachfolgenden Tag doch ganz los gelassen. Den 30. Martii
ist Obrister Lieutenant Flangel mit seiner Hausfrauen und 15
Pferden hieher in's Gottshaus kommen, seiner Krankheit allhier
zu pflegen, dann er zu Biberach neulich an den Kopf geschossen
worden. [1]) Alle Zimmer sein voll von Gästen, alle Ställ voll der
Pferden; Kisten und Kästen, Kuchen und Keller leer: gedenk,
was wir arme Beamte für ein Fried und Ruh haben!

Den 2. April ist Rittmeister Paur mit seinen Soldaten von
hinnen nach dem Oberland gezogen, doch noch ettlich Hutten etc. (?)
allhier gelassen. Den 3. April haben wir dem Obristen Frangel
unser Kutschen, welche 300 fl. gekostet, und 3 Pferd geben
müssen. Eben diesen Tag hat gesagter Obrist von uns für den
allbereit verflossenen Martii Monat 900 fl. gefordert, welches ihm
rund abgeschlagen. Was daraus wird, folgendes gibt die Zeit.
Eodem ist das Kloster abermal völler Officier gewesen, welche
zu Nacht dermassen dominirt, dass alle Diener haben müssen
sich aus dem Staub und Gesicht machen. Den 8. April ist oft-
gedachter Cornet mit viel seiner Knecht und etlichen des H.
Obristen Frangels, wie auch etlichen des noch allhier liegenden
Quartiermeisters nacher Biberach marchirt. Sein Frau bleibt noch
allhier, möcht dieses Marchs schier Ju! schreien. Den 13. April
ist Obrister Frangel morgens um 5 Uhr, bei 40 Pferd stark,
von hinnen nacher Memmingen gemarchirt, welcher sich sehr
wegen gehabten Quartier bedankt. und sich sehr viel angeboten
und verpflicht gegen dem Gottshaus, und damit wir desto sicherer
seien, hat er 2 oder 3 seiner Knecht allhier gelassen, doch gegen
Nacht abermal bei 10 Pferd in's Gottshaus von Memmingen
kommen, welche gemacht, dass man den Gottsdienst am Char-
freitag und heil. Samstag nit gebührlicher Weis hat halten können, sondern vom P. Prior Alles nur gelesen worden. Die Spend
oder Almosen am grünen Donnerstag ist auf diessmal nit ausgetheilt worden wegen der leeren Kästen wie auch wegen grosser

---

[1]) Dieser ist wahrscheinlich identisch mit dem früher genannten Oberst
Vrangel, wie Bozenhard überhaupt in den Bezeichnungen des Ranges nicht
consequent bleibt.

Menge der Armen, welche täglich vor dem Thorhaus liegen, auch wegen grosser Ungelegenheiten, welche die Soldaten hätten können causiren. Ein sehr kalte Osterzeit haben wir diessmal gehabt, ja am heil. Ostertag haben mir nach gehabter heil. Mess meine Händ geeinnögelt. [1] Vom Stofflwirth im Thal haben wir eine Kuh um 30 fl. gekauft, sonst hätten wir am heil. Tag kein Fleisch zu essen gehabt. Das Salz zu Ulm ist sehr schwerlich zu bekommen, ja ein Salzscheib über 13 fl., 1 ℔ Schmalz 5 Bazen. Ein gemeines Kalb haben wir zu Göttingen per 9 fl. kaufen müssen. Den 18. April ist gesagten Cornets Frau oder etc. mit ihrem Plunder auch, Gottlob, hinweg gezogen, haben doch solcher ein Fass Wein bei 70 Mass müssen geben, wie auch ein Fässle Essig bei 12 Mass. Eodem hat unser Obrister Lieutenant Frangel aus dem Allgay bei seinen 3 Reitern 6 schöne Melkküh geschickt. Dieser Tagen sein abermal viel Reiter in's Gottshaus kommen und ein Theil aus-, ein Theil ihrem Gefallen nach eingezogen, bis endlich den 21. April der Obriste Frangel gehlingen wiederum von Buechau zu uns kommen, doch morgens frühe wieder hinweg gereist, welcher inständiglich abermal den Rest der 900 fl. begehrt, der sich noch bei 800 fl. thut erstrecken, doch endlich nach vielem flehentlichen Anhalten, dass solches auf sein bald wieder Ankommen allhier ohnfehlbar solle bezahlt werden, besänftigt worden ist. Wie bald haben sich die gesagten Soldaten aus dem Staub gemacht, als sie dieses Obristen Ankunft vernommen, dann er sehr streng mit ihnen procedirt. Et quamvis severissimus dicatur, tamen semper clementissime cum nostro Rdo egit, quod summopere mirandum. Täglich kommen viel vertriebene Leut weinend für das Thor, das Almosen zu begehren, welche 30, 40 Jauchert Ackers zu besäen hätten, doch alles im Stich müssen lassen und sich in den Bettelstab begeben. O Elend, o Jammer!

Den 2. May ist ein Rittmeister von unserm Obersten Frangel hieher geschickt worden, welchem abermal wegen des Monat Martii erlegt worden, nämlich 960 fl., wollt auch gern bald den verloffenen April auch in gemeldter Summ haben. Die Summa der schwedischen Anlag und überlieferten Gelds erstreckt sich allbereit über 2400 fl., wäre noch mehr gnug! Den 4. May ist obgemeldter

---

[1] Unter Einnägeln der Finger versteht man im Augsburgischen den Schmerz, den die Kälte in den Fingerspitzen hervorbringt, aber auch, wie wahrscheinlich hier gemeint ist, das unangenehme Gefühl, mit dem das Wiedererwärmen dieser, wenn sie erstarrt waren, beginnt.

geschädigter Quartiermeister mit Weib und Kind und allen anderen
Soldaten von hinnen nach dem Läger, welches bei Ueberlingen
steht, verreist. Ist also das Gottshaus in einem halben Jahr
oder länger nie so leer und rein von Soldaten gewesen, als auf
diessmal. Eodem die hat unser Obrist Frangel 5 stattliche Ochsen
hieher geschickt, weiss nit, werden sie uns gehören oder nit?
An St. Georgentag hat man denen Tagwerkern die gewöhnliche
5 Hoflaib nit geben, sondern nur 4 wegen der leeren Kästen,
auch Sonntag und Feiertag prorsus nil. Den 25. May hat man
solches auch mit den Hofbursch angefangen, jedem bei 7 Hoflaib
wochentlich gemindert, etlichen auch an Geld minder gegeben.
Den Armen vorm Thor gibt man wochentlich 2 mal. Oft haben
wir gen Stuttgarth geschickt wegen des zu Schorndorf liegenden
unseren Weins, welchen wir vor St. Georgtag abzuholen schuldig
wären, aber wegen Gefährlichkeit, auch Mangel der Pferd und
Gelds nit haben abführen können. Haben endlich eine Resolution
bekommen, dass wir solchen Rest holen mögen, wann wir wollen.
Den 17. May haben wir eine ausländische und unsere Mähnin [1])
hinunter geschickt, solchen abzuholen; hätten wir mehr Geld
gehabt, hätten wir mehr geschickt. Den 20. May sein etliche
Reiter vom Obristen Frangel hieher kommen. Den 21. May hat
unser Koch Hochzeit gehabt, aber um 2 Uhr ist alles aus gewest,
weil ein Fähnle Fussvolk von Ulm nacher Unter-Elchingen gezogen, auch 700 nach beiden Fahlen [2]) geschickt worden. Wir
haben allbereit 8 Regimentern contribuirt, 11 Monate bezahlt
und monatlich 960 fl. erlegt, ohne was wir der Stadt Ulm anfänglich erlegt haben. Anjezo drohet und tribulirt man uns heftig
noch um den 12. Monat. Den 22. May ist der Pfarrer zu Unter-
Elchingen, Rammingen, Thomertingen, Herr Thoma, teutscher
Pfarrherr, und der Pfarrer von Bollingen [3]) mündlich nacher Ulm
für Rath citirt worden. Allda ist ihnen mit kurzem gesagt
worden, wie dass ein ehrbarer Rath beschlossen habe, dass sie
de facto ihrer Pfarren sollten müssig stehen und von nun an in
solchen kein einziges exercitium Catholicum mehr sollten exerciren, über welches sie sittsam replicirt, doch nit mehr .erhalten,
als dass sie den 24. May wieder daselbst sammentlich sollten
erscheinen, welches auch geschehen, doch im wenigsten nichts

---

[1]) Mähne (Men) ist ein Gespann von 2, 4, auch 6 Thieren.
[2] Ober- und Unterfahlheim, B.-A. Neuulm.
[3]) Bollingen, O.-A. Blaubeuren.

anders erhalten, als dass sie nit allein kein Exercitium Catholicum
sollten mehr haben, sondern auch innerhalb 14 Tagen ihrer vertrauten Pfarrkinder Flecken sollten raumen und solcher sich ganz
und gar verziehen. Ueber solches bringt der von Pollingen auch
für, wie dass er noch etlich consecrirte Hostias daheim in der
Kirchen hätte, ob er solche nit dörfte zuvor sumiren? Welchem
geantwortet worden, er mögs sumiren, doch die Mess nit darzu
gebrauchen. Den 25. May hat allbereit der Prädicant von Göttingen einem Kranken zu Unter-Elchingen sein Nachtmahl gereicht.
Dieser Tage haben wir abermal viel Soldaten im Gotteshaus müssen
haben, welche vom Obristen Frangel hin und wider gezogen;
bleibt auch ein Stallmeister, ein Trompeter mit Weib und Kind
und einer Magd stets allhier. Der Stallmeister will ehender nit
hinweg, man bezahle ihm dann zuvor den Monat April, nämlich
960 fl. Den 27. May ist Rittmejster Lindenau mit etlichen Officier
hieher kommen, das gesagte Geld abzuholen, welches, wann's nit
vorhanden, 2 Compagnien Reiter, ein ungereimtes Volk, schon
bestellt wären (wie wahr), uns auszuplündern und alles in Grund
zu verhörgen und zu verderben. Da hats geheissen: Vogel friss
oder stirb! Desswegen der Herr Grosskeller und Secretari morgens in aller Frühe nacher Ulm verreist, solche Summ zu entlehnen, welches sie, Gottlob, auf 14 Tag wiederum zu bezahlen,
von etlichen unseren Gutthätern bekommen, welche Summa,
nämlich 960 fl., den 29. May ihnen erlegt worden. Hierauf sein
sie einhellig nach der Armee nacher Buechau gezogen, ist also
das Gottshaus in langen Zeiten nie reiner von Soldaten gewesen,
als heutigen Tag. Gott geb weiter Glück! Den 28. May, war
Dominica Exaudi, hat der Prädicant von Göttingen zu Unter-
Elchingen das erstemal gepredigt und seine Singer mit sich dahin
genommen. Der Prädicant von Sezingen [1]) hat zu Ramingen gepredigt, gelustet ihn aber nit mehr, daselbst zu predigen, weil
das Volk daselbst dermassen heulet und jammert, dass es zu er-
barmen gewesen. Den 29. May ist ein Priester von Eysslingen [2])
bei uns gewest, welcher uns den Carthagena, [3]) ein Messbuch,
wie auch etlich andere Bücher verehrt, dass man ihm ein wenig

---

[1]) Setzingen, O.-A. Ulm.

[2]) Aislingen, B.-A. Dillingen.

[3]) Job Carthagena, Professor zu Salamanka und dann in Rom, gest. 1617
in Neapel, schrieb vorzugsweise zur Vertheidigung des römischen Hofes, besonders im Kampfe des Papstes Paul V. mit der Republik Venedig, aber auch
Theologisches, wie Homilien u. a.

Korn daran gebe, da er sonsten müsste des Hungers sterben, welches auch geschehen.

Den 9. Juny ist der Junker, wie auch der Prädicant, Burgermeister etc. mit 7 Pferd von Leipheim, wie auch Hans Schad mit 6 Pferd von Ulm allhier gewesen und dermassen zusammen gesoffen, dass ihnen das Thor allerdings zu klein gewesen. Den 10. Juny seind abermal etliche stattliche Befehlshaber und Officier von Ulm allhier gewesen in Michaels Salvaguardi Händel, welche eben also gethan. Den 13. Juny um 4 Uhr gegen Abend ist abermal Obrist-Lieutenant Frangel mit 2 Major und etlich anderen Obristen Lieutenant, bei 12 stattlichen Herren, allhier angelangt und bis den 16. Juny bei uns verblieben, Tag und Nacht gefressen und gesoffen und abermal Kuchen und Keller in der Wahrheit ganz und gar geleert. Unter diesen ist auch derjenig gewesen, welcher unsern gn. Herrn im vorhergehenden Jahr den 15. Juny so gottsjämmerlich getractirt hat. Mag einer denken, was unser gn. Herr für Herz und Gemüth gehabt habe, als er Tag und Nacht hat müssen mit solchen essen und trinken und lustig sein, ja sich auch ob solchem vexiren lassen. Um 7 Uhr der ersten Nacht, id est, 13. Juny, hat man müssen das Regal wie auch die Geigen hinfür in die alte Abtei tragen und haben daselbsten die ganze Nacht bis morgens um 3 Uhr müssen ohn Unterlass aufmachen, dann er der Oberst-Lieutenant Frangel über einen Major, welchen er mit sich gebracht, sehr erbittert gewesen, welchen er auch morgens nach 3 Uhr zum andernmal unter das Thor, Kugeln mit ihm zu wechseln, begehrt, doch endlich solches gestillt und sie wiederum vereiniget worden. Wann dieser Obrist-Lieutenant besoffen ist, so ist ihm Niemand zu lieb, Leib und Leben muss man bei ihm sorgen, wie dann er allbereit zwar nit allhier, aber, wie man sagt, zu Buechhorn und anderswo viel seiner stattlichisten Officier tödtlich geschlagen, wie auch viel aus hohen Stuben hinab auf das harte Pflaster gesprengt, wie dann ich etliche derselben gesehen. Desswegen wir auch Tag und Nacht auf diessmal in grosser Furcht gestanden und sowohl gesagte Nacht als auch folgenden Tag, wie auch noch folgende Nacht bis 10 Uhr ohn Unterlass müssen aufmachen. Und wann man geschwiegen oder darvon gegangen, haben wir stracks müssen wiederum erscheinen mit Drohen, wann wir nit wollen verharren und aufmachen, weil er vorhanden, wolle er ein solchen Tumult im Gottshaus anfahen, der nit gut sein werde. Desswegen wir den Schlaf wie auch die heil. Frohnleichnams-Nacht haben müssen fahren lassen und

solcher Ueppigkeit abwarten, doch nit vergebens, denn durch
solches viel augenscheinliches Uebel ist vermieden und gestillt
blieben, ja dazu uns auch 6 Ducaten oder 18 fl. geschenkt.
Seind also den 15. Juny zwischen 8 und 9 Uhr wohl content fort,
ein Theil nach dem Elsass; der Obrist-Lieutenant Frangel aber
hat sich mit 6 Pferden allhier über die Thonau führen lassen in
einer Zillen und nacher Babenhausen verreist, doch sein kranke
Hausfrau, 6 Kutschenpferd, 2 Kutscher, 1 Musterschreiber und
2 Jungen allhier gelassen. Den 17. Juny ist ein Schreiben vom
Gustav Horn hieher kommen, welches Inhalts gewesen, wie dass
nunmehr der Recruten-Platz allbereit aus wäre, desswegen der
Obriste Frangel das Gottshaus raumen und forthin unangefochten
lassen solle. [1] Interim verbleibt seine kranke Gemahl noch allhier, bittend, mit ihr Geduld zu haben, wolle Alles mit Dank
bezahlen. Den 28. Juny mane um 6 Uhr ist Obrist-Lieutenant
Frangel abermal mit 12 Pferden hieher kommen, den 29. Nachmittag um 1 Uhr nacher Günzburg benevole von hinnen mit Buz

---

[1] Demnach hatte also Elchingen bis dahin dem Obrist-Lieutenant Frangel
auch als Rekruten- oder Musterplatz dienen und dadurch, wie sich aus Folgendem ergibt, noch ausserordentliche Lasten tragen müssen. Die damalige
Aufbringung der Truppen geschah allein auf dem Wege der Werbung oder
„Recrouite" in der seltsamen Weise, dass der Kriegsherr, ein einzelner Fürst
oder eine Vereinigung von politischen Kommunen, zuerst die Befehlshaber, zumal den Obersten des zu bildenden Regimentes und häufig auch schon die
Hauptleute oder Rittmeister der künftigen Kompagnien, bestimmte, ihnen Werb-
patente ertheilte und durch sie mit dem hiezu gegebenen Werbe- oder Lauf-
gelde, das nach dem Bedarfe der Mannschaft und nach der grösseren oder ge-
ringeren Schwierigkeit der Aufbringung derselben natürlich sehr verschieden
war, so i. J. 1631 bei Errichtung schwedischer Regimenter für einen Mann
zu Fuss 8, für einen Reiter aber selbst 30 Reichsthaler betrug, die erforder-
lichen Leute sammeln liess. Hiezu war den Werboffizieren und ihrem Personale
ein genauer Distrikt angewiesen, der hiedurch gewöhnlich zu einem Tummel-
platze aller möglichen Excesse und Gewaltthätigkeiten wurde, die theils diese
selbst unter dem Titel ihres Auftrages, theils die beim Umschlagen der Werbe-
trommel häufig weit über die nöthige Zahl herbeikommenden jungen Leute vor
der Aussonderung und nach Empfang des Laufgeldes verübten. War die
Werbung vollendet, so wurden die Angenommenen zur Vereidigung und Muste-
rung an einen bestimmten Ort beschieden, der desshalb der Musterplatz hiess
und dadurch wieder zu einer Stätte von kaum erträglichen Lasten ward, da
die Bewohner desselben die oft schon lange vor dem bestimmten Tage daselbst
erscheinenden Soldaten häufig vollständig unterhalten und ihren Uebermuth,
um nicht noch Schlimmeres zu erfahren, erdulden mussten (Beiträge zur Gesch.
des Militärwesens in Deutschland während der Epoche des 30jährigen Krieges
von Droysen in Müllers Zeitschrift für deutsche Kulturgeschichte, neuer Folge
4. Jahrg. 396 ff.).

und Stiel wie auch mit seiner Hausfrauen, welche ein Tag 8 in meiner Herren Stuben aus dem Hafenbad-Wasser gebadet hat, hinweg gezogen; ist also das Gottshaus nunmehr bei 2 Jahren nie so leer von Soldaten gewesen, als auf diessmal. Wollte wünschen, dass auch keiner mehr käme! Am Montag, Mittwoch und Freitag gibt man den armen Leuten durchs Thor in Hof herein wegen der grossen Menge und grossen Ungelegenheit. Auf ein Tag hat man 500 et plus minus gezählt.

Den 2. July bis den 18. Augusti ist sehr unsicher in der Pfarr und jenseits der Thonau gewesen wegen der allenthalben streifenden Soldaten, dann Herzog Bernard sich zu Günzburg und dieser Gegend mit seiner ganzen Armee aufgehalten, ja endlich auch der Gustav Horn mit seiner Armee zu ihm gestossen, desswegen ein grosses Rauben und Plagen der Leut verursacht worden, [1]) bis sie endlich den 18. Aug. von dannen nacher Unter-Elchingen und Langenau sammentlich gezogen und 2 Tag und 2 Nacht daselbst Quartier gehabt.

Traurige Tragödi in unserem Gottshaus.

Den 18. Aug. um 3 Uhr haben wir die Winterfrüchten gar wohl, Gottlob, herein gebracht, aber hernach zwischen 5 und 6 Uhr gegen Abend sein die Weinmarische Reiter haufenweis sowohl durch die Haber als allenthalben herauf für das Gottshaus geritten, alsbald das obere Thor eingeschlagen und ganz geöffnet, das Bauhaus mit Schaf, Heunen, Schwein etc. rein ausgeplündert, nachmal auch für unser inneres Thor kommen, solches auch alsbald mit Gewalt eröffnet, die Baupferd und Stuttenpferd, ja die ganze Zucht hinweggenommen, haben auch alsbald das Thörle in's Convent wie auch oben beim Schreinerhaus in Conventgarten eröffnet und in vollem dem alten Bad zugeloffen (dann wir 6 Ross daselbst nunmehr bei 2 Jahren erhalten), solche alsbald hinweggenommen, dass also in einer Stund alles Vieh und Ross hinweg war. Das Gottshaus sowohl da vornen als im Convent war voller Reiter, Rauber, Huren und Buben, war mäniglich mehr nit von-

---

1) Selbst die genannte Ulmer Chronik berichtet aus dieser Zeit: „Es haben auf dem Lande die schwedische Soldaten die armen Leut mit dem schwedischen Trunk dermassen geplaget, dass manchem der Tod lieber gewest wäre. Es hat auch mancher sein Leben darüber einbüssen müssen. Man hat die arme Leut in den Hölzern und Wäldern nackend an die Bäum gebunden und ihren teuflischen Muthwillen an ihnen verübet und andere Unthaten mehr gethan, welches vor keuschen Ohren nicht zu schreiben ist.“

nöthen, als die Flucht, so gut, als ein jeder kunnt. Die Ulmische
Salvaguardi, unter welchen ein Rittmeister Huntmann, so vor 2
oder 3 Tagen postulirt worden wegen grossen Streifens der Reiter,
haben sich alsbald aus dem Staub gemacht. Der Obriste Frangel
hat den Rittmeister Lindenau für einen Salvaguardi selb 4 hieher
in's Gottshaus geschickt, welcher doch mehr auf die schöne Pferd,
als Schuz, gesehen, ja, wie man sagt, hat er die Pferd aus dem
alten Bad holen lassen und sich mit solchen aus dem Staub gemacht. Ein erschreckliches Hämmern, Heulen und Jammern ist
diese ganze Nacht gehört worden. 7 Kelch, viel Messgewänder
sein verhudlet, verschleift, verhörgt und verderbt worden, ja alle
Truhen, Kisten und Kästen dermassen zugerichtet, dass es ein
Graus, solche anzuschauen. Unser gn. Herr wie auch das Convent
waren beisammen in der alten Abtei in Meinung, daselbst Genad
mit einem gemeinen Fussfall zu erhalten, aber je länger wir baten,
je verbitterter sie wurden. Und wann ein Trupp uns daselbst
genug geplaget, ist gleich ein ärgere vorhanden gewest. Daselbst
hat man uns alle silberne Agnus Dei[1] vom Hals hinweg genommen, alle gute Schuh, Strümpf und Hosen ab und ausgezogen,
den einen in dieses, den andern in jenes Ort mit sich geschleift
mit Drohungen grosser Pein und Marter, ja des gewissen Tods
selbsten, wofern wir nit alsbald alle Gewölb, verborgne und
heimliche Schätz wurden offenbaren, das verborgene Gold und
Silber an den Tag geben, ja einen oder zwei aus uns gar
geraigelt[2] und unserem gn. Herrn das rechte Ohr allerdings[3]
herunter geschnitten und etliche, doch nit gar schädliche Stich,
wie auch viel erschreckliche Streich, sowohl mit Beyel, Wehr
und Prüglen, als auch Fäusten gegeben, dessgleichen auch vielen
aus uns geschehen. Endlich wegen grosser Pein und Marter,
so sie unserem gn. Herrn haben angethan, hat er mich gebeten,
ich sollte ihnen Gewölb zeigen, so ich eins wüsste. Bin also mit
ihm und denen Soldaten in die obere Custerey gegangen, ihnen
das Gewölbe darinnen gezeigt, wohl wissend, dass nichts darinnen,
hab doch solches bei ihnen in einen Zweifel gestellt, desswegen
sie alsbald mit grossem Eifer anfahen zu graben und solches bei

[1] Eine um den Hals hängende Medaille mit dem Bilde des Lammes als
Sinnbildes des Erlösers.

[2] Raigeln, riegeln = gewaltsam umherzerren, rütteln.

[3] Das Wort „allerdings" findet sich dieser Zeit häufig in der Bedeutung
von „fast, beinahe", in der es auch das Tagebuch hier und an andern Stellen
gebraucht.

anderthalb Stund gewähret. Interim haben sie mich und meinen gn. Herrn wohl verwahret. Allda ist mein gn. Herr allerdings in ein Ohnmacht gefallen wegen des steten Bluten's des geschnittenen Ohrs. Als sie nun das Gewölb eröffnet und im wenigsten nichts darin gefunden, haben sie mich mit Beyel und Wehren allerdings zu todt geschlagen, auch endlich lebendig in die gemachte Grub wollen werfen und darin vergraben, welches auch geschehen wäre, wann nit einer oder 2 dafür gebeten hätten. Einsmals sein sie movirt worden, haben meinem gn. Herrn, wie auch mir Quartier zugesagt, ja uns in das Stuttenstädele getrieben, wie man die Säu hinein treibt, dann daselbst stunden ihre Pferd. Gaben meinem gn. Herrn wie auch mir genug Wein zu trinken, dann sie ein gross Schaf Wein aus unserem Keller hatten, gaben uns auch Käs und Brod und kein böses Wort mehr und blieben daselbst bei 2 Stund. Interim half ich den Rossen Wasser zutragen, als stark ich war. Als sie nun im Aufbrechen, haben sie uns für den Keller convoyrt. Alsbald haben wir uns auf den Gang und kleinen Schnecken der Borkirchen begeben und daselbst in grosser Angst und Noth, bis der Tag herfür gebrochen, geblieben. Mein gn. Herr war je länger je schwächer, durstet ihn auch sehr, ich dörfte doch wegen steten Hämmerns der Soldaten kein Tröpfle Wasser holen. Als nun gesagtermassen mein gn. Herr und ich in die Sacristei, das Gewölb dase.bst zu zeigen, geführt worden, sein die andere Patres und Fratres, der eine da, der andere dort hinaus geloffen, ja etliche in der Flucht erschreckliche Sprüng gethan: als der P. Joan. Treu zu obrist auf dem s. v. Secret, wie man in's Convent hinunter gehet, gegen dem Kuchenhöfle auf dürre, ausgereutete Stöck ganz baarfuss gesprungen, der P. Benedict Leiprecht von der Bubenkammer allerdings auf den Kopf in's Kreuzgärtle geschossen, der Fr. Christoph Mayr von der Bibliothekrinnen herunter gesprungen, etliche, sowohl Geist- als Weltliche, bei dem Sommerhaus hinunter in die spitzige Weinreben gesprungen und doch endlich von den allenthalben umschweifenden Soldaten der mehrer Theil gefangen und etliche nach dem Läger zu Langenau, etliche da-, etliche dorthin geführt worden, etliche in aller Frühe nacher Ulm für Herzog Bernhart selbsten kommen, allen Verlauf fürgehalten, doch wenig ausgericht. Nostrum Seniorem P. Andream bei 80 Jahren haben die Soldaten sehr übel geschlagen, ja allerdings gar umgebracht, ihm auch den rechten Arm ganz abgeschlagen, einen bösen Stich in das Schienbein des linken Fusses gegeben,

das Gesicht ganz blau geschlagen. Viel hat der Bader zu schaffen
gehabt sowohl wegen der grossen Sprüng, als auch der erschrecklichen Streichen. Alle Truhen, Kisten und Kästen sowohl in der
Kirchen als auch in der Abtei selbst sein verstört, zerschlagen,
verhörgt und verderbt, unter über gestürzt worden, und solches
ist in allen Winklen, ja in denen verborgnisten Gewölbern geschehen. Das Ciborium mit sammt denen Particuln ist hinweg
gekommen, dass im wenigisten nichts mehr zu finden gewesen;
7 silberne, verguldte Kelch mit sammt denen Patenen, über 30
silberne Löffel und Messer, ja alles, was dem Silber nur gleich
gesehen, haben sie hinweg genommen, also dass man morgens
nit um 3 kr. Silber in dem ganzen Gottshaus hätte finden können.
Alle Bühnen von Früchten sein geleert, ja viel dazu ausgedroschen
worden. In der Kuchen ist alles dermassen verhörgt und verderbt, ja umgekehrt worden, dass sie ihr selbst nit mehr gleich
gesehen. Bei 14 oder 15 Vierling Wein haben wir im Keller
gehabt, doch diese Nacht alles ausgelassen worden und mehr in
den Keller als in die Geschirr geloffen, dermassen, dass man in
dem Wein bis über die Knoden gewaden. Gegen Morgen um
3 Uhr war mein gn. Herr und ich aller voller Furcht auf dem
Schlafhaus, da kam ein Geschrei, wie dass ein Lieutenant vorhanden wäre, welcher uns wollte beschützen, zu welchem wir
alsbald in meines gn. Herrn Stuben geloffen. Dieser war schon
ein Stund etlich allhier, doch wusstens wir nit und hatte schon
viel abgehalten und etliche Geistliche aus den Soldatenhänden
erlöst. Dieser bliebe 2 Nächt und ein Tag bei uns, hätte wohl
mehr können prästiren, weder er gethan, haben ihm anderthalb
hundert Reichsthaler müssen verehren, welche wir in Eil zu Ulm
haben enlehnen müssen. Morgens um 9 Uhr kommt ein ansehnlicher Obrist-Wachtmeister mit einem Trompeter. Dieser lasst alsbald zu Feld blasen. Als solches erschollen, hat keiner wollen der
letzte sein, sein in einer Viertlstund alle Reiter hinaus gewesen.
Als aber der Obrist-Wachtmeister dem Gottshaus kaum den Rucken
geboten, ist wieder alles schwarz herein kommen und mit sich
genommen, was ihnen geliebt, dann alle Thür und Thor offen
gestanden. Als nun die Reiter mit einer guten Beut uns quittirt,
sein bei 900 oder wollt lieber sagen über 1000 Kranke haufenweis herein kommen und mit Huren und Buben allenthalb, fürnemlich aber in dem Convent, ja auch in der Kirchen Quartier
gemacht. Alle Kammern sein voller Huren und Buben geloffen,
haben heraus genommen Bett, alle Leinwat, ja in der Custerei

nit ein Alb übergelassen, alle Messgewand etc. entweder mit sich
genommen oder solche zerfezet und zerstücklet, dass man solche
nit mehr hat können brauchen, alle Teppich, liderne Fürhäng
mit sich genommen, ja alle Taflen und Altarzier zerfezt und
zerstücklet und endlich einen solchen Gestank hinter ihnen gelassen, welcher gleichsam unleidenlich war, desswegen man Tag
und Nacht zu putzen gehabt. Den 20. Aug. zwischen 9 und 10 Uhr morgens ist gelingen
ein Geschrei unter ihnen erschollen, wie dass die Croaten nahe
vorhanden wären. Lächerlich war es zu sehen, wie bald sich
männiglich, ja auch die allerkrummiste und schwächiste aufgemacht
und etliche nit bei dem Thor hinaus, sondern über die Maur
gewollt. Keiner hat wollen der letzte sein, sein also in einer
Stund Kranke und Gesunde, Gottlob, hinaus kommen, ja darzu
noch 30 Pferd, welche allbereit im Gässle beim unteren Brunnen
waren und Quartier gemacht hatten, sein alsobald verschwunden.
Diess Geschrei, dass die Croaten vorhanden seien, soll ein kleines
Knäble oder vielleicht ein Engel auf die Bahn gebracht haben,
sonst wären gewisslich etliche Kranke sobald von dannen nit
hinweg kommen. Den 19. und 20. Aug. hatten wir nit Brot noch
Schmalz auch Salz, dass wir nur ein Suppen hätten machen können,
will geschweigen einen Tropfen Wein, dass wir unseren schwachen
gn. Herrn und andere Kranke hätten laben können. Die Post-
meisterin [1]) hat uns ein mal viere ein grosse Schüssel mit Suppen
herauf geschickt, wir hatten aber keine Löffel, solche zu essen;
hätte sie was mehrers gehabt, hätte sie uns solches auch geschickt.
Diese Suppen haben uns besser geschmeckt, als zuvor die India-
nische Hahnen und Capaunen. Die hochwürdige Mutter von Söfflingen, wie auch der Herr Propst von Wengen [2]) und andere
gutherzige Burger und Beiwohner zu Ulm haben uns aus grossem
Mitleiden etliche Victualia geschickt, sonst hätten wir den blutigen Hunger lang in dem Busen herum tragen müssen, dann wir
nit zum Mahlen kommen konnten, vielweniger einiges Geld vorhanden gewesen, eines oder das andere zu kaufen. Nach und
nach sein wir wieder zusammen kommen und ein jeder sein Noth
geklagt, welche so gefährlich gewesen, dass wir Gott nit genug
zu danken haben, dass er uns sammentlich beim Leben erhalten
und mit so viel Lichter und Feur, welche die 2 Nächt ohn

---

1) In Elchingen befand sich eine Reichspoststation an der Strasse nach
Nürnberg.

2) Augustinerkloster in Ulm.

Unterlass gebronnen, kein Brunst auskommen, welche wir sehr
gefürchtet. Da solches geschehen wäre, hätte keiner im wenigisten dörfen löschen. Der Marstall und das Thorhaus haben allbereit anfahen zu brinnen, aber, Gottlob, bald gedämpft worden.
Einen grossen Mangel haben wir an Schuh und Heess, bevorab
an Leinwadt, dann fast mäniglich allein ein Hemmet hat; kein
Scheertuch noch Fazenet etc. war mehr vorhanden, ja viel müssen
gar beschunden liegen. Es solle Gustav Horn, als er zu Leipheim
über die Thonau marchirt, erlaubt haben, dass man das Gottshaus
solle ausplündern, doch Niemand beschädigen. Diess letztere ist
aber nit gehalten worden. Den 25. Aug. ist abermal ein Geschrei
kommen, wie zu Söfflingen bei 600 Soldaten wären, welche diesen
Tag nacher Langenau sollten kommen und allbereit dem Hafenbad
zuzogen, desswegen abermal ein grosser Jammer unter uns gewesen, ja mäniglich, sowohl geist- als weltlich, über die Thonau
sich in die Flucht begeben; und wann sie wären fortmarchirt,
so wäre auch unser gn. Herr über die Thonau geflohen. Indem
sie allbereit bei Böfingen [1]) marchirten, ist gehlingen Ordinanz
kommen, dass sie müssen nach Geysslingen marchiren, desswegen
wir sehr erfreut worden und haben uns alsbald wieder nach Haus
begeben. Den 27. Aug. haben wir anfahen, den Gottesdienst
wiederum zu versehen und Mess zu lesen auf Betsteinen, dann
die ganze Kirch, wie zu vermuthen, entweihet worden, indem sie
etliche, sowohl Geist- als Weltliche, blutriss darin geschlagen,
der mehrer Theil Sepulchra der Altär violirt und ausgebrochen,
ja ihre Nachtbett und Schlafkammer in der Kirchen gehabt etc.
Eodem die hat man einem Diener oder 12 Feierabend geben und
das Hofgesind geschmälert nach und nach. Viel, sowohl kaiserische als schwedische Soldaten kriechen nach und nach in's Württemberger Land.

Den 3. Sept. haben etliche kaiserische Soldaten denen Ulmeren,
Offenhauseren [2]) und Pfueleren ihr Vieh, Schaf,· Schwein und
Gaissen hinweg und nach Blaubeüren getrieben. Man hat ihnen
nachgesetzt, doch wenig ausser etlich Gaissen und Vieh, welches
man nit hat können fortbringen, wieder bekommen. Den 4. Sept.
·sein 4 oder 5 Hütten-Herrn von Ulm in dieser Gegend herum-
gereist, endlich auch in's Gottshaus kommen; als man ihnen aber
gesagt, dass je weder zu essen noch zu trinken vorhanden wäre,

1) Böfingen, O.-A. Ulm
2) Offenhausen, B.-A. Neuulm.

sein sie malcontent nacher Ulm gezogen. Den 6. Sept. [1]) hat
man von 11 Uhr an in der Nacht bis 9 oder 10 Uhr gegen Mittag ein sehr erschreckliches Schiessen gehört, sowohl im Gotteshaus als auch anderswo. Gegen Nacht um 6 Uhr kommt gehling
ein Geschrei, dass mäniglich fliehen sollte, ja auch in Eil ein
gutherziger, doch Ulmischer Lieutenant, welcher casu [2]) fürüber
gereist, um Gottswillen gebeten, wie dass sich unser gn. Herr
mit sammt dem ehrw. Convent mit der Flucht salviren solle, dann
ein grosse Zahl der von der Schlacht entronnenen Soldaten vor
der Thür wären, desswegen das ehrw. Convent jung und alt sich
alsbald über die Bruck nacher Leyben in Martin Spegelens Haus
begeben. Unser gn. Herr aber hat mitsammt dem H. Grosskeller
erst morgens um 1 Uhr sich über die Bruck begeben und daselbst
bis Mittag verharret, endlich das schlechte Mittagmahl zu Leybi
in gesagtem Haus genommen und alsbald sich wiederum nach
der Bruck begeben und daselbst bis Vesperzeit verharret. Wir
aber sein sammentlich nacher Ulm gezogen und morgens um 6 Uhr
bei dem Herpelthor gewesen, doch in habitu saeculari, und daselbst bei 2 oder 3 Stund verharret, dann die Thor gesperrt und
ein grosse Anzahl der Fliehenden aus allen Flecken daselbst gewesen. Endlich hat man das Thor eröffnet und ihrer Unterthanen
Flecken einen nach dem andern mit Ross und Vieh, wie auch
geladenen Wägen hinein gelassen. Endlich haben wir uns auch
angemeldt und nit anderst vermeindt, wir wären Gottwillkomm
und würden alsbald hinein gelassen werden. Da kommt alsbald
die Botschaft, wie dass man keinen aus uns wollte hinein lassen,
ja nit allein keinen unter uns, sondern auch nit unseren Secretarium mit seinem Hausgesindle, ja kein einzigen Catholischen,
desswegen wir allerdings froh waren, dann uns die grosse Schaar
Volk und andere Zuständ der Stadt nit allerdings gefielen. Desswegen wir alsbald den Stiel umgedrehet und uns sammentlich
wieder nach Leyben in unser altes Quartier begeben. Ist nit
zu sagen, wie mir der Bauch damals geschlottert, dann ich ganz
nüchter gen Ulm hinein und heraus geloffen, haben mir die Erbsen
und Weggen [3]) so wohl geschmeckt! Diesen ganzen Tag, wie
auch etlich nachfolgende, ist ein stetes Reisen, Reiten und Fahren
nacher Ulm auf allen Strassen gewest. Heut den 7. Sept. haben
die Langenauer etliche welsche Soldaten ertappt, welche casu

[1]) Der Tag der Schlacht bei Nördlingen.
[2]) zufällig.
[3]) Wicken.

dahin gerathen und vermeint, Langenau wäre catholisch. Sein
alsbald 2 von ihnen für das Dorf hinaus geführt und erschossen, die
andere gefänglich nacher Ulm geführt worden. Möchte Langenau
nit wohl kommen! Eodem hat man vom Gottshaus aus einen
Boten laufen lassen, die Kundschaft einzunehmen, welcher bis
nacher Haydenheim kommen, doch ganz keinen Soldaten unterwegen angetroffen, der Fliehenden aber viel, desswegen sich
unser gn. Herr mit dem ehrw. Convent alsbald wieder nacher
Haus begeben. Ich aber und Fr. Christophel haben unserem
P. Andreae müssen zu Leybi in gesagtem Haus abwarten, denn
er allerdings in Zügen lage, und hat solches über 24 Stund gewehret, bis er endlich den 8. Sept. um Vesperzeit omnibus Sacra-
mentis munitus gestorben und um 6 Uhr in's Gottshaus geführt
und begraben worden. Den 10. Sept. hat man zu Langenau die
Thonaubrucken abgebrennt. Den 11. Sept. haben etliche Soldaten
den H. Secretarium bis auf's Hemmet bei dem Flachslichet hinter
dem Forst ausgeschleift, wie auch dem Vogt ein Bazen 25 genommen und zu Thalfingen und Unter-Elchingen ziemlich viel
Ross hinweg getrieben, wie auch zu Leybi und Burlafingen etlich
Vieh. Ob solches die Schwedische oder Kaiserische gethan, ist
ohnbewusst. Den 11. Sept. um 12 Uhr zu Mittag ist abermal
ein Reiter oder 12 für das Gottshaus kommen und alsbald mit
Gewalt hinein gedrungen und ziemlich darin anfahen zu domi-
niren, die Diener zu schlagen und etliche hinweg zu führen.
Bevorab unseren lieben Postmeister haben sie ein Tag 3 mit sich
herum geführt und nit allein greulich geschlagen, sondern auch
ständlich den Tod gedrohet, wann er nit wurde 90 Thaler erlegen, welches auch hat müssen geschehen, hat er anders wollen
ledig werden. Und diese waren kaiserische Soldaten; aber weil's
wir nit gewusst, ob's Kaiserische oder Schwedische, haben wir
sammentlich uns aus dem Staub und in grosser Eil über die
Thonau zwischen die Wasser begeben und in dem längsten Holz
2 Nacht und 2 Tag uns aufgehalten. Den 13. Sept. in der Nacht
ist von Günzburg ein Schreiben kommen, in welchem wir von
einem kaiserischen daselbst gelegenen Lieutenant gewarnt worden,
wie dass wir uns sollen aus den Stauden machen und uns nacher
Günzburg begeben, dann der ganze königliche Marsch und Macht
würde auf unsers Gottshauses Seiten herauf ziehen, welches auch
den 15. Sept. geschehen. Sein also den 13. Sept. sammentlich
in einem Schiff nacher Günzburg gefahren, unseren kleinen Plunder
hat ein kleines Schiffle ein Stund etlich hernach geführt, welches

allerdings bei Günzburg geplündert worden. Sein wir also in
des Augustins oder Zinkenisten Haus, welches sehr eng, bis den
22. Sept. geblieben, doch mit dem Wasser und wenig Speisen
mit ihm müssen für gut nehmen. Den 12. und 14. Sept. hat der Ungarische König cum toto
Exercitu sein Haüptquartier zu Ober-Stozingen gehabt, hernach
solches zu Weydenstötten [1]) genommen. Interea ist Giengen auf
den Grund hinweg gebrannt, dann es sich nit allerdings gehorsam
eingestellt, wie auch in dieser Gegend herum sein bei Tag und
Nacht viel Brunsten gesehen worden. Den 14. Sept. ist die
ganze Heerd Vieh, welche gen Thalfingen gehört, nacher Günzburg getrieben worden, welche die Burgerschaft magno foenore
hat aufgekauft. Eodem haben die kaiserische Soldaten Leipheim
zu plündern männiglich preisgeben, welches auch alsbald von
männiglich, fürnemlich aber von den Günzburgern, ganz rein ist
ausgeplündert worden. Allgemach sein die kaiserische Soldaten
verschwunden und ist die volle Armee nach und nach in das
Württenberger Land geruckt, desswegen 4 der unseren ein Herz
an sich genommen und den 16. wieder in's Gotteshaus gezogen in
Meinung, das übrige zu behalten, welches auch, Gottlob, glücklich
abgangen. Dannoch haben sie 3 Ulmische Compagnien Reiter ·
wiederum in die Flucht gejagt, welche auf die Kaiserischen
streifen und bei Langenau ein Stückle oder 6 wie auch etliche
Pagagewägen und ein ziemliche Anzahl Vieh abgenommen und
die Convoy niedergemacht. Die Ulmer haben 3 Salvaguardi ultro
hieher in's Gottshaus gelegt. Den 21. Sept. ist unser gn. Herr
von Ulm aus 2 unterschiedliche mal gewarnet worden, dass er
sich sollte aus Günzburg machen, dann man gewisslich die Stadt
werde ausplünderen. Er aber hat solches nit geglaubt, auch
solches vertuscht wegen grossen Auflaufs, so viel er konnte.
Dannoch gegen Nacht um 7 Uhr ist solches, wie nemlich der ·
Prälat wäre gewarnet worden, in der ganzen Stadt erschollen,
desshalben allenthalben ein erschrecklicher Tumult worden, auch
die Leut schwerlich zu stillen gewesen. Ist also diese Nacht
ohne Schaden abgangen. Den 22. Sept. Nachmittag um 2 Uhr
kam abermal Botschaft von Ulm, welcher allenthalb ausrufte,
die Stadt würde ohne einigen Verzug geplündert werden und der
Schlammerstorffer und Junker von Leipheim nit weit von dannen
und zu Leipheim wären. Als solches allenthalben erschollen,

---

[1]) Ober-Stotzingen und Weldenstetten, O.-A. Ulm.

hätte einer das Jammern, Heulen, Weinen und Fliehen in der
ganzen Stadt sollen sehen und hören. Keiner wollte der letzte
sein. Wir haben uns alsbald über die Thonau begeben und zu
Nacht um 7 Uhr nacher Riethen [1]) in ein ganz ausgeplündertes
Wirthshaus kommen. Der Junker daselbst hat uns ein Stück
Brod und ein Hand voll Schmalz geschickt, ein Suppen zu machen,
dann er nit mehr bei sich hatte. Die Supp geschmeckte uns
besser, als etwan das beste Gebratens, die harte Bänk waren
uns lieblicher wegen der grossen Müde, als etwan die Pflaumbett.
Als wir, wie man uns hernach gesagt, eine halbe Stund von
Riethen waren, hat man 7 Reiter zu Leipheim über die Thonau
geschickt, haben uns zu allem Glück nit angetroffen, sonst dörfte
es uns übel ergangen sein. Nachfolgenden Morgen sein wir voll
in's Gottshaus gezogen. Den 26. Sept. haben wir im ganzen
Gottshaus kein Brösele Brod, auch kein Stuible Mehl zu bachen
gehabt, haben auf den Mittag 2 Laib im Thal entlehnt. Daran
sein die Müller schuldig, müssen wegen Mangels des Brods den
Haber und Flachs auf dem Feld stehen lassen. Zu Nachts haben
wir ohne Brod müssen essen, haben kaum ein Laib aus dem Thal
entlehnen können, ein Suppen einzuschneiden.

Den 3. Oct. hat man unsern Haber, Gottlob, gar und wohl
herein gebracht. Unsers gn. Herren Bruder, Martin Spegelen
von Leybi, und Georg Schueler von Unter-Elchingen haben mit
ihren Rossen das Beste gethan; ist dannoch der mehrer Theil
auf dem Kopf herein getragen worden. Wir haben auch eine
Bettel-Mähne zusammen gekauft, doch dermassen elende Ross, .
dass man sie etwan morgens im Stall hat müssen aufheben. Ein
Schweinmutter mit 5 Fehrlen hat man dieser Tagen auch gekauft,
haben auch noch eine gekaufte Kuh und diess ist unser gross
und schmal Vieh. Den 5. Oct. ist der Junker von Leipheim mit
Hieronymo Schaden von Ulm allhier gewesen. Der Junker hat
bei 25 grosse tomos in der Bibliothek ausgesucht und kurzum

---

[1]) Riedheim, B.-A. Günsburg. Dieses der Markgrafschaft Burgau lehenbare Dorf nebst Schloss und Burgstall verkaufte i. J. 1502 Magdalena Welser,
auf die es von ihrem verstorbenen Gemahl Lukas Rem gekommen war, an die
Reichsstadt Ulm, die i. J. 1632 in grosse Verlegenheit gerieth, weil das österreichische Lehensverhältniss zu dem Bündnisse mit Schweden nicht mehr zu
passen schien, sich aber aus dieser dadurch befreite, dass Philipp Schad und
Leonhard Schorer angeblich für eigene Person als weitere Lehenträger auf-
traten und auch von Oesterreich als solche angenommen wurden. Der oben
genannte Junker daselbst ist wahrscheinlich wieder der dort aufgestellte Beamte.
der Stadt Ulm.

gewollt, man solle ihm solche schenken und verehren. Aber weil ihm solches abgeschlagen, hat er den 7. Oct. morgens frühe einen reitenden Boten mit einem Schreiben allhier gehabt, in welchem uns die 900 Thaler, welche er uns zu der Franglischen Anlag dargeliehen, innerhalb 8 Tag zu bezahlen abgekündt. Ist bezahlt, doch haben wir's zu Ulm an andern Orten aufgenommen.

Als der Hungarische König sich mit allem Volk in's Württemberger Land begeben, hat sich der Schlammerstorffer [1]) mit seinem Volk gen Ulm für das Herbelthor begeben und ein Zeitlang sich alldort aufgehalten und in dieser Gegend mit Ausplünderung grossen Schaden gethan. Als dieser den 10. Oct. zu Günzburg (indem er nacher Augsburg gewollt, aber wegen der Croaten, welche nur zu Burgau 600 stark gelegen, wieder zuruck gemusst) das Quartier hat nehmen wollen, hat sich die Burgerschaft allerdings in das Gewehr gegeben und die Soldaten wöllen mit Steinen etc. abtreiben, so gut sie kunnten; sein sie doch endlich in die Stadt mit Gewalt kommen, etliche Burger niedergemacht, viel geschädiget und gefänglich hinweg geführt und einen grossen Schaden gethan. Den 13. Oct. kommt von Ulm im Namen des Capitän Hofkürchers [2]) ein scharfes Schreiben an uns, dass wir nemlich wochentlich sollten 1 Fass Wein, 1 Ochsen, 3 Schaf und Haber liefern, wo nit, wollte er ihm schon recht thuen. Eodem zu Nacht um 6 Uhr ist ein Reiter hieher kommen und angezeigt, wie dass der Obrist-Lieutenant Müller von Ulm sein Nachtquartier mit 12 Pferden wollte im Gottshaus haben, welches um 7 Uhr auch geschehen, welcher mit sich 5 oder 6 Gefangene gebracht, wie auch 102 Fass des besten Wein und stattliche Beuten, so wohl an Fuhrpferden als anderen Sachen mit sich berein gebracht, welches alles er nit weit von hinnen morgens um 9 Uhr erobert in Württenberg. Bei der Keltere

---

[1]) Schlammerstorfer hatte wohl im Plane, etwas zu Gunsten der Stadt Augsburg zu unternehmen, zu deren Belagerung von dem Könige Ferdinand, als sie die durch den Deutschmeister Kaspar von Stadion überbrachte Aufforderung zur Unterwerfung verweigert hatte, der bayerische Feldmarschall-Lieutenant von Wahl abgeschickt worden war, welcher sie vom 12. Sept. 1634 bis zum 24. März 1635, an dem der schwedische Kommandant Hans Georg von dem Winkel kapitulirte, auf's engste einschloss.

[2]) General-Lieutenant Hofkircher wird im Theatr. Europ. 3, 335 unter den in der Nördlinger Schlacht Gequetschten und hart Verwundeten genannt; Bürster a. a. O. 85 berichtet, dass er zu Ulm darnach gestorben sein soll, was sich aus Obigem widerlegt. Nach Sattler, Gesch. v. Würt. 7, 115, hatte derselbe 2000 Mann unter seinem Kommando.

wie auch hierinnen im Hof ist Alles voll Weinwägen und Karren
gestanden und sein vor 11 Uhr in der Nacht kaum herein gekommen. Haben gar gut Regiment gehalten und fast gar nichts
als Brod hat man dem einen oder anderen geben dörfen. Er
selbst auch hat auf seine Tafel nit mehr als ein Salat begehrt,
seinen bei sich habenden Soldaten ist hoch verboten worden,
kein einzige Thür, sowohl im Gottshaus als im Thaal, zu eröffnen
mit Gewalt, desswegen der mehrer Theil auf der Staig und im
Spitalgarten sich aufgehalten. Die Bettler, [1]) welche diese Fuhr-
leut geführt, haben die Reiter fast alle zu sich genommen und
in den Ställen und wo sie gekönnt, ausgesoffen, desswegen diese
Nacht männiglich Wein genug gehabt und ein starkes Trinken
gewesen. 4 Karrenmann von Thonawörth und Lauingen (dann
dorthin hat dieser Wein sollen gebracht werden) haben mir auch
eine 6 mässige Retschen, [2]) mit gutem Wein gefüllt, beim Schreinerhaus, dann sie daselbst gelogirt, auch einen 40 mässigen Bettler
daselbst in das Stroh gesteckt, und als sie von Ulm entlassen
worden, wo sie doch alles haben müssen dahinten lassen, sein sie
zu Nacht spat für das Thor kommen, haben zu mir begehrt,
weil aber alle Thor schon gesperrt und die Schlüssel überliefert,
hab ich nit können zu ihnen kommen. Liessen mir derowegen
sagen, wie dass sie im Schreinerhaus einen Bettler hätten im
Stroh verborgen, ich sollte ihn Rdo nostro et Conventui von
ihrentwegen verehren, welches auch geschehen, und habe ich
ihn zu morgens um 3 Uhr gefunden. Dieser ist uns fast wohl
gekommen, dann wir des Wassers und Holzäpfelmost allerdings
genug gehabt, auch etliche der unseren desswegen fast übel auf
worden. Als es zu Nacht 12 geschlagen, hat man mit der Trom-
peten zu füttern gemahnt und vor 2 Uhr alles nacher Ulm in
grosser Eil gezogen. 102 Mass Wein, 100 Pferd, 6 oder 7 Gefangene haben sie auf diessmal erobert. Kaum sein sie hinweg
gewesen, kommt ein Geschrei, wie dass 5000 Mann kaiserisch
Volk zu Günzburg und Leipheim wäre ankommen, welches den
16. Oct. noch allda gewesen, qua intentione, gibt die Zeit.
Den 18. und 19. Oct. hat der bairische Marschalk Waal, welcher

---

[1]) Diess Wort, dessen Ableitung umsonst gesucht wurde, bedeutet offenbar
ein grosses Gefäss.

[2]) Retschen, Rätzen = ein Trinkgefäss, das ein vocab. v. 1618 bei Schmeller-
Frommann (bayer. Würterbuch) also näher bezeichnet: obba, ligneum vasis
genus, quo in tabernis et coenobiis potus circumfertur ad supplenda exhausta
vascula.

über das gesagte Volk das Commando hat, mandata in alle Herrschaften sowohl im Ulmischen als anderen hierum liegenden ausgehen lassen, dass alle Vögt und Vorsteher den 20. Oct. bei ihm zu Günzburg sich sollen einstellen; wofern solches nit werde geschehen, wolle er sie mit Feur und Schwert in allen militärischen Peinen verfolgen. Unsere Conventualen, sowohl Patres als Fratres, hat man müssen aus Bahrtüchern und Zwilch kleiden. Den 19. Oct. haben die kaiserische Soldaten uns in der Riedmühl ein Mahlet hinweg genommen, desswegen gar klemm mit dem Brot hergegangen und abermal zu Söfflingen mahlen müssen. Den 25. Oct. haben die kaiserische Soldaten dem Obrist-Lieutenant Müller von Ulm all sein Vieh und Schaf etc. von Oberkhürchberg [1]) nacher Günzburg getrieben und ist dieser Tagen mancher Scharmizel zwischen denen kaiserischen und Ulmischen Soldaten fürüber gangen. Den 26. Oct. um 8 Uhr morgens haben sich die kaiserische Soldaten von Günzburg haufenweis bei dem Fischerhaus sehen lassen und in grosser Eil unseren Pflügen, welche hinter Mr. Davids Garten fast die letzte Furch geackeret, alsbald alle Pferd ausgespannt, welches ihrem Trompeter sehr übel gefallen, und haben wir alsbald die Pferd wieder gelöst um 1 Thaler, so viel Pferd, so viel Thaler geben müssen, welches über 30 fl. gelofen. Nach solchem ist der Obrist-Wachtmeister mit einer Compagnie Croaten, welche an der Thonau durch das Holz herauf kommen, von dem Fischerhaus durch das Thal gereist und sein Quartier oder die Wacht stracks hinter unserer Gartenmauer gegen Unter-Elchingen gehabt und daselbst verblieben bis Nachmittag um 2 Uhr; hernach sein sie sammentlich nacher Langenau marchirt, desshalben sein wir in grosser Furcht gewesen, dann der Ausgang Niemand bewusst war. Unsere 3 Ulmische Salvaguardi hätten sie, wie sie hernach mal selbst gesagt, wohl können ertappen, wann sie gewollt, doch hätten sie des Gottshauses willen solches nit gethan, dann viel Uebel daraus entsprungen wäre. Der Ulmische Sergeant ist dem Forst zugesprungen, die andere 2 dem Schelmenkhau und darin bis sinkende Nacht verblieben. Die 2 sein zu Nacht um 7 Uhr wieder herein kommen, aber um 9 Uhr Furcht halb sich nacher Ulm begeben. Um 8 Uhr ist ein ganz Regiment Reiter von Leipheim und Günzburg bei Unter-Elchingen fürüber nacher Langenau gemarchirt, dasselbige ausgeplündert, interim allenthalben, ja bis

---

[1]) Ober-Kirchberg, O.-A. Laupheim.

bei Jungingen [1]) Schildwachten gehalten. Nachmittag nach 1 Uhr
ist abermal ein Jammervolk, sowohl an Reitern als Fussvolk, bei
Weysingen [2]) heraus nacher Langenau marchirt, welche den ganzen Tag bei Weysingen in dem Gestäud gehalten und auf den
Schlammerstorffer oder andere Ulmische Truppen gelaustert. Eben
der gleichen ist auch den 28. hinter unserer Gartenmauer und
anderswo geschehen, aber keiner hat sich blicken lassen. Sehr
sein die Kaiserische auf die Ulmische verbittert, dann sie neu-
licher Tagen, wie auch zuvor etlichmal bei Leyben, 26 Soldaten-
Jungen angetroffen, ihnen die Ross etc. weg genommen und solche
endlich nach 9 Tagen vorm Thor zu todt geschossen und in die
Thonau geworfen und diesen Process haben sie allbereit schon
vielmal geübt. Ein solcher warmer Herbst ist bisher gewesen,
dass bei Mannsgedenken nie geschehen, welches unserer spaten
Saat sehr wohl bekommen, dann wir erst den 27. Oct. gar
zugesäet. Die späte Wintersaat hat der Mangel der Pflüge causirt.
Den 1. Nov. zu Nacht nach 12 Uhr ist zu Pfuel ein greuliches Schiessen gehört worden, indem viel Reiter und Fussgänger
dahin kommen in Meinung, solches auszuplündern. Indem sich
die Pfueler aber anfänglich wehrten, sein sie aller erbittert worden, haben solchen Flecken mit Gewalt überfallen, ganz rein
ausgeplündert, nachmal über 50 First in Brand gesteckt, darin
über 40 Menschen und der mehrer Theil Kinder geblieben.
Wochentlich müssen wir 30 fl. dem zu Günzburg commandirenden
Obristen Wahl geben. Den 7. Nov. zu Nacht um 2 Uhr haben
die Günzburger Soldaten Pfuel voll abgebrannt bis an etliche
Häuser. Den 8. haben sie auch Weysingen nach Mitternacht
um 1 Uhr abgebrannt und den Flecken Wösterstötten rein ausgeplündert, wie auch fast täglich Langenau geschieht. Den
11. Nov. zu Nacht um 2 Uhr haben die Kaiserische von Günzburg das Fleckle Offenhausen überfallen und wollten in des
Schlammerstorffers Quartier fallen, welches vor dem Herpelthor
ist, sein doch durch stetes Stuckschiessen aus Ulm abgetrieben
worden. Eodem haben wir im Convent anfahen, Bier, der mehr
Theil aus Haber gesotten, zu trinken. Den 23. Nov. ist des
Obristen von Leipheim sein Quartiermeister allhier gewesen,
30 fl. an Geld und viel Anlag begehrt; das Geld und etliche
Früchten sein geliefert worden. Wann es lang soll wehren,

---

[1]) Junginngen, O.-A. Ulm.
[2]) Weisingen, B.-A. Dillingen.

machts uns den Garaus. Eodem ist ohugefähr ein Frau von Fahlen, anjezo aber im Thal wegen Upsicherheit sich aufhaltend, in das Kuchenhöfle kommen und daselbst ein Hafen mit Kaspuel [1]) ertappt, solchen allerdings ausgeessen, den Rest ihren 2 Kindlen heimgetragen, ist ihr aber von uns in anderem Hilf gethan worden. Ein erschrecklicher Hunger und Sterbend grassirt in dieser Gegend herum. Den 29. Nov. zu Mittag zwischen 11 und 12 Uhr, da männiglich über Tisch war, kommen bei 20 Schlammerstorffische oder Ulmische Reiter für das Thor, begehren ganz grimmiglich das Thor zu öffnen oder wöllen solches alsbald zerschmettern, welche, als sie illico herein gelassen worden, haben sie unverzüglich mit blossen Degen und Pistolen die kaiserische Salvaguardi gesucht, zu welchen der H. Grosskeller gegangen, von welchem sie nichts anders begehrt, als die kaiserische Salvaguardi, da doch keiner noch nie in unser Gottshaus gekommen. Als sie nun gespürt, keinen vorhanden zu sein, haben sie des Grosskellers Stüble eröffnet, doch nit anderen Schaden gethan, als etlich darein geflehntes Geld ertappt, nach solchem die Ställ eröffnet und uns 7 Ziehpferd und 4 herein geflehnte Pferd und etlich Säck geflehuten Haber in grosser Furcht und Eil mit sich hinweg genommen und damit sich aus dem Staub gemacht. Wir im Convent sein in grosser Furcht gestanden, auch etliche allbereit in den unteren Garten, ja einer gar in's Thonauholz gelofen. Ueber eine halbe Stund sein diese Lottersbuben nit im Gottshaus gewesen, doch ziemlichen Schaden gethan. Diess ist bald nacher Leipheim berichtet worden, welche noch zukünftige Nacht um 9 Uhr ein Trupp Reiter hiehero geschickt, den Verlauf recht zu erkundigen, welche sich alsbald nacher Khesselbrunn [2]) begeben und uns fast gepresst.

Den 1. Dec. sein 3 oder 4 Compagnien Kaiserische von Günzburg nacher Ulm gezogen und um Mittagzeit bei 400 stattliche Schaf, viel Pferd, welche den Dung hinaus geführt, wie auch etliche Burger und Soldaten ertappt, deren etliche niedergemacht, etliche mit sich geführt. Man hat 4 oder 5 Stuckschuss unter sie gethan, darüber aber nit mehr als 4 oder 5 Croaten geblieben. Den 2. Dec. haben die Ulmische uns unsere 6 Pferd wieder zugestellt, das 7. aber behalten. Die kaiserische und Schlammerstorffische Soldaten vexiren täglich einander, doch

---

[1]) Kaspuel (spülen?), das sog. Abspül-, vom Reinigen der Gefässe zurückgebliebene Wasser?

[2]) Kesselbronn, O.-A. Ulm.

ertappen die Schlammerstorffische allerding mehr Kaiserische,
als econtra. Im ganzen Ulmer Gebiet wird kein Gottsdienst
mehr bei 8 oder 9 Wochen gehalten, als allhier im Gottshaus,
dann die Catholische Priester sowohl als die Prädicanten haben
fast allenthalben müssen die Flecken raumen. Gar schlecht
gehet es mit den Mühlenen daher wegen Mangel des Wassers,
auch wegen grosser Unsicherheit aller Strassen. Man kann uns
mit harter Mühe zu Söfflingen mahlen. Viel Leut werden todt
gefunden allenthalben, welche von Hunger und Frost sterben.
Die Kaiserische wollen der Stadt im wenigisten nichts mehr zukommen lassen, desswegen sie täglich auf allen Strassen gesehen
werden, fürnemlich zu Langenau und von Göttingen aus, wie
auch fast in allen Flecken geschieht, auch der unseren nit verschont wird. Den 7. Dec. hat man 4 Säck mit Mehl zu Söfflingen
geholt auf einem Karren, hat den Ulmischen Soldaten 4 fl. für
Convoy bis auf's Hafenbad geben müssen. Den 12. Dec. zu Nacht
um 10 Uhr ist ein First oder 4 zu Finningen abgebrannt worden.
Ob's die Ulmische Soldaten gethan oder sonst verwahrloset worden,
wollt gern, du wüsstests! Den 13. Dec. haben die kaiserische
Soldaten zu Nacht das Gottshaus Söfflingen ausgeplündert und
den grössten Schaden an Rossen gethan; es waren aber nicht
allein die zu Geisslingen im Thal, sondern auch einige von denen
zu Leipheim liegende. Der Günzburgische Commandant drohet
uns sehr, weil er meint, wir seien mehr ulmisch als kaiserisch;
wir dörfen uns dannoch gegen Ulm nicht abwerfen. Den 20. Dec.
sein 11 Schlammerstorffische Reiter in unsere Mühl eingefallen,
3 Stümplen Mussmehl hinweggenommen, dann sie sonst nichts
gefunden. Den 25. Dec. am heil. Christtag haben wir kein Metten gehalten wegen Mangel des Lichts. Mane um 8 Uhr ist
Fr. Bonifacius Schwab Weingartensis gestorben aetat. 23 annorum,
den 23 hujus ist er noch wohlauf und guts Muths gewesen. Der
Zeit sein auch etliche im Thal an der Pest gestorben, welche
noch stark in der Gegend grassirt. Viel Leut erfrieren und
sterben Hungers, auch die Reichen, dann man nit zum Mahlen
kommen kann. Dieser Tagen ist H. Obrister Gallas zu Ehingen
ankommen. Es sein alle Herrschaften in dieser Gegend dahin
beschrieben werden. Man hat bei 14 Tagen den Pass aus dem
Württenbergerland nacher Ulm gehen lassen, anjezo aber auf ein
neues ganz und gar aufgehebt, ja so streng verboten worden in
allen Herrschaften, dass, wo eines oder das ander ertappt wurde,
gewisslich müsse niedergemacht oder gehenkt werden. Dieser

Zeit ist auch Hundsfleisch in der Pfarr gefressen worden wegen
unsäglichen Hungers. Den 27. Dec. haben wir dem Obristen
Binder, welcher anjezo zu Lauingen liegt, müssen 90 fl. und
6 Säck mit Haber nacher Rammingen liefern. Wochentlich müssen
wir nacher Ulm Heu und Stroh liefern, wollen wir anderst von
ihnen sicher sein. Zu Ulm kann man kein Fleisch kriegen.
Von Günzburg haben wir etlich Trageten holen lassen, doch mehr
Beiner als Fleisch. Ist auch der, so es geholt, einmal beraubt
und ihm bei 40 ℔ genommen worden, desswegen wir an dem
heil. Tag und die Feiertag hindurch mehr Weissfisch als Fleisch
essen müssen. Den 31. Dec. haben 18 Ulmische Soldaten im
Thal geplündert und bei Damian Bökchen für 12 fl. neugebackenes
Brod gefunden und genommen.

Annus 1635.*)

Den 5. Jan. haben die kaiserische Soldaten von Mündelheim
und Weissenhorn zu Ulm vor dem Thonauthor sich sehen lassen,
auch allerdings die Schranken mit Gewalt eröffnet, dannenhero
etlich 100 aus der Stadt heraus gefallen in Meinung, solche zu
ertappen. Als sie aber tapfer auf solche gesetzt, sein etliche
Truppen, welche beiseits hielten, herfür gewischt, deren viel
niedergemacht, viel gefangen, unter welchen etliche stattliche

---

1) In dem ganzen Verlaufe dieses Jahres wurde zwar der Krieg, welcher
seit dem Beitritte Frankreichs noch weitere Dimensionen angenommen hatte,
im Grossen ferne von dem Aufenthalte unsers Berichterstatters geführt und
fielen um diesen keine Waffenthaten von Bedeutung vor, dessen ungeachtet aber
war auch diese Zeit für das östliche Schwaben und namentlich für Elchingen
und Umgegend eine wildaufgeregte, von Leiden und Entbehrungen erfüllte.
Diess wurde theils dadurch veranlasst, dass die Reichsstadt Ulm noch bis Ende
des Monats Juli die Ergebung an den Kaiser verweigerte und ihre Belagerung
auch die Benachbarten, selbst wenn sie sich neutral hielten, durch Einquartierungen und Erpressungen aller Art in Mitleidenschaft ziehen musste, theils
gründete es sich darin, dass auch nach der Uebergabe Ulms der Kaiser dem Herzoge
Eberhard von Wirtemberg die oft und dringend nachgesuchte Amnestie und
Aufnahme in die zu Prag vollständig abgeschlossene Einigung aus verschiedenen
Gründen, weil das Herzogtum sich enger als andere an die Kronen Schweden
und Frankreich angeschlossen, dessen Mannschaft bei Nördlingen in den Reihen
der Feinde gekämpft habe u. s. w., verweigerte, die Unterwerfung der noch
nicht übergebenen Landestheile, besonders der Festungen, von denen aber nur
Hohentwiel über dieses Jahr hinaus widerstand, bei der erklärlichen Behauptung
derselben von Seite Eberhards bis zur friedlichen Ausgleichung mit Waffengewalt fortsetzen liess und dadurch wiederum beständige Truppenmärsche nothwendig wurden.

Offizier und, wie man sagt, der Lieutenant Ros gewesen sein solle.
Zu Wallstätten hat man dieser Tagen ein gutes junges Stüttle
um 6 Thaler kauft, solches alsbald geschlachtet und gefressen.
Ein unsäglicher Hunger ist unter männiglich. Den 10. Jan. zu
Nacht um 11 Uhr sein bei 400 Ulmische und Schlammerstorffische
Reiter allhier in's Thal eingefallen, all essende Waar sauber hinweg und mit sich nacher Ulm genommen. Haben auch viel Meu-
terei vor unserem Thor gemacht, welchen wir auch 14 Säck mit
Haber, 2 Mittlen Mehl, 1 Wannen mit Brod, 1 Retschen mit Bier
geben müssen. Eben so sauber haben sie auch zu Thalfingen
aufgeraumt. Dieser Raub hat bei 3 Stund gewehret. Wir sein
sammentlich in grossen Sorgen gestanden, man möcht in's Gottshaus fallen, welches zweifelsohne auch geschehen wäre, wann
man den Haber nicht alsbald geliefert hätte. Ist in diesem Tumult, Gottlob, Niemand geschädiget oder geschlagen worden, doch
ist männiglich fasennackend in die Gärten und Winkel geflohen
und übel daselbst erfroren. Eben diesen Abend hat Obrister
Binder einen Postillion hieher in's Gottshaus geschickt, die wo-
chentliche Contribution zu erlegen, im widrigen wolle er als ein
Feind mit uns procediren. Man hat ihm die Impossibilität schriftlich überschickt; was erfolgen wird, gibt die Zeit. Dieser Tagen
haben die Ulmer bei den Schützenhäusern in einer eisernen Fallen
einen Adler ertappt, welcher bei anderthalb Centner gewogen.
Den 13. haben die Ulmer den ganzen Tag die Thore gesperrt
gehabt und bei 1000 Imi harter Frucht auf die Wägen geladen
und gegen Nacht nacher Augspurg geschickt, welches doch zwischen Burttenbach und Khemblet von den Kaiserischen ertappt
worden. [1] Den 17. Jan. ist abermal vom Obristen Hoffkürcher
von Ulm ein scharfes Schreiben hieher kommen, wie dass wir
nämlich wochentlich 2 Fass Wein, 1 Ochsen, 20 Säck mit Haber
et plurima alia impossibilia liefern sollten, und wann wir solches
nit haben, können wir solch alles zu Ulm um das Geld über-
kommen. Ist endlich den 18. Jan. dahin mit ihm accordirt worden, wann man ihm wochentlich 2 Fuder Holz, 1 Fuder Stroh,
1 Fuder Heu, 3 Säck mit Haber gebe, wolle er uns versichern,
dass uns kein Schwedischer Soldat im wenigsten weder im Gotts-

---

[1] Die Stadt muss damals ziemlich gut mit Proviant versehen gewesen sein,
weil sie von solchem nicht blos nach Augsburg, sondern nach dem Theatr.
Europ. 3, 429 auch mit etlich 100 Pferden nach dem gleichfalls belagerten
Memmingen schicken konnte. — Unter Khemblet scheint das 1 Stunde von
Burtenbach entlegene Kemnat gemeint zu sein.

haus, noch dessen Gebiet solle molestiren. Conditio ista nobis
est acceptissima. Haben darum auch den älteren Herren und
anderen Herren zu Ulm, welchen das Gottshaus in allweg befohlen
gewesen, zu danken; wann sie nit gewesen, wäre es gewisslich
mit uns rauh abgangen. Den 18. Jan. ist abermal ein Bot von
Gundelfingen vom Obristen Binder [1]) allhier gewesen wegen wo-
chentlicher Contribution, welche schon 4 Wochen nit erlegt worden und wochentlich 30 fl. und 3 Säck mit Haber lauft. Diesen
Rest hat dieser Bot kurzum wollen haben, ehender nit hinweg
ziehen, welchem den 19. Jan. ein scharfes und flehendes Schreiben
an gesagten Obristen geben worden, welches, Gottlob, wohl ope-
rirt. Den 22. hat ersagter Obrister abermal ein Schreiben an
unseren gn. Herrn gethan, welches viel demüthiger und sumisser
gewesen, als die vorhergehenden, nam ipse se humillime sub-
scripsit. Dieser Tagen ist ein solche Kälte angefallen, dass nit
wohl zu gedenken, dann unser Brunn im Kreuzgärtle ganz und
gar zugefroren, welches doch bei Mannsdenken nit geschehen.
Die Thonau ist bis gen Ulm ganz überfroren, dass man darüber
handlen und wandlen können, ja den andern Tag, als der Stoss
über unsere Bruck kommen, hat man anfahen darüber laufen,
haben auch ihre 2 einander zu mittelst auf der tiefesten Thonau
ausgezahlt. Diese Kälte hat viel Leut hingenommen. Dieser
Zeit nimmt der Hunger bei den Leuten täglich sehr zu und
werden also gezwungen, unerhörte Sachen zu essen, als Katzen,
Hund, Ross etc.; ja gehacktes Stroh, Heublumen, Bollen [2]) etc.
hat man gemahlen und genossen. Die Pfarr ist allerdings ausgestorben und mehrertheils des Hungers. Keiner kann dem anderen mehr helfen, es ist ein gemeiner Jammer und Elend, ja
den Reichen ist so wehe, oder etwan wirser, [3]) als den Armen.
Dannenher einer von Oxenbrunnen, welcher 2 Güter gehabt, das
eine um ein halb Imi Haber feil geboten. Man hilft aus dem
Gottshaus mit Früchten denen Unterthanen, so viel man kann;

---

[1]) Die Stadt Gundelfingen unweit der Donau, wo der genannte kaiserliche
oder bayerische Oberst das Kommando führte, war bald nach der Eroberung
von Regensburg wieder der Gewalt der Schweden entrissen worden.

[2]) Bollen, zunächst runde Körper überhaupt, sodann besonders bei Pflanzen
gerundete Theile, Knospen, Samenkapsel u. s. w., hier wohl die runden Theile
der Eichel, Eichelbollen, da auch anderswo gemeldet wird, dass die dem Hun-
gertode nahen Leute in diesem Kriege Eichelbollen und Kleien gegessen haben
(Birlinger, Augsb. Wörterb. 70).

[3]) wirser = wirscher von wirsch, abstossend, unfreundlich.

aber wann sie bei Tag und Nacht tragen und schleifen, ja solches
bis in die Muelten und für den Backofen bringen, kommen die
Soldaten, nehmen ihnen auch den Taig, will geschweigen das
Brod, hinweg. Den 26. Jan. hat unser Fischerknechte einer in
einer eisernen Fallen bei der Thonau einen Vogel gefangen,
welcher 11 ℔ gewogen und die Flügel achtenthalb Schuh breit
gewesen; etliche wollen, es seie ein Stochar, [1] etliche und deren
viel haben gewollt, es seie ein Steinadler, etliche haben ihm
einen anderen Namen gegeben. Er habe geheissen, wie er wölle,
er hat uns wohl geschmeckt und ist gar kürnig zu essen gewesen.
Den 28. Jan. haben 4 Günzburgische Soldaten zu Thalfingen über
die gefrorne Thonau gesetzt, daselbst 3 Ross und 1 Kuh ertappt.
Um 6 Uhr, als der Prediger schon auf die Kanzel gehen wollte,
sein sie im Thal eingefallen und etlich Säck mit Mehl, Einkorn,
wie auch Ross erhast. Als sie die Riedgassen hinaus reisen
wollen, haben sie einen von Nersingen angetroffen, welcher ein
Mussmehl auf dem Buckel getragen, welcher, als er hat wollen
fliehen und sich mit dem Mehl über einen Zaun begeben, hat
ihm einer ein Kugel durch den Ruckgrat und bei dem Mund
heraus geschossen, dass er alsbald geblieben. Den 28. Jan. zu
Nacht um 12 Uhr kommt ein Geschrei, wie dass ein gewaltiger
Hauf Soldaten vorm Thor seie, bei welchem auch der Obriste
Binder von Gundelfingen gewesen, welcher auch wegen grosser
Kälte in das Thorhaus mit etlichen anderen Officieren begehrt
und eingelassen worden, zu welchen alsbald unser gn. Herr und
H. Grosskeller hinab kommen müssen. Ihnen sind etlich Mass
Bier, wie auch etlich Wannen mit Brod gegeben worden. Prae-
terea nihil. Sie sein bis 4 Uhr beisammen verharret, in dem
Thal haben sie die warme Stuben gesucht, auch was für sie gewesen, mit sich genommen, welches doch von dem Obristen hoch
verboten worden. Sie haben auf die Ulmische gelaustert, desswegen sie am Forst hinauf gezogen. Morgens hat man allhier
hören stark schiessen; was es gewesen, gibt die Zeit. Um 3 Uhr
Nachmittag sein sie wieder nacher Langenau gezogen, haben ein
grosse Beut an Ross und Früchten, wie auch 6 Fass Wein,
welche nacher Ulm gewollt, bekommen. Zu Beerenstatt [2] haben
sie prandirt [3] und daselbsten sauber Haus gemacht. Den 29. Jan.

---

[1] Stochar, Stoc-ar = Jochgeler (Lexer, mittelhochd Handwörterbuch).

[2] Bernstadt, O.-A. Ulm.

[3] von prandium, Mittagsmahl.

ist der Groner allhier ankommen, welcher den 16. Jan. auf der
Post mit dem Postmeister von Günzburg nacher Stuttgart unsers
Weins halber geschickt worden, dann daselbst des Ungerischen
Königs Canzlei und Regierung gehalten wird. Hat alle Sachen
bald und wohl verricht, ja Plenipotenz gebracht, allen Wein abzuholen, wann wir wollen. Wird aber langsam daher gehen
wegen grosser Unsicherheit. O, wann ein Fuder 2 vorhanden
wäre, dass wir des armseligen Haberbiers einest entlediget würden. Dass er so lang aus gewesen, hat der umschweifige und
unsichere Weg gemacht, dann er auf Nerrlingen und Dillingen ¹)
zu gemüsst. Man reit und fährt mit den geladenen Wägen über
die gefrorne Thonau ganz sicher. Unseren Opferwein muss man
von Geysslingen auf dem Buckel holen, dann von Ulm nicht mehr
zu bekommen.

Den 3. Febr. gegen Nacht um 5 Uhr ist der Obriste Wahl
mit 4 Compagnien Reiter von Läuingen hieher kommen, stark
auf die Ulmische gespannt, welche auch bei 3 oder 4 Compagnien
heraus geschickt haben, aber von den Langenauern gewarnet,
bald sich wieder in die Stadt begeben. Der Obriste Wahl hat
mit seinem Volk allhier wollen über die überfrorne Thonau setzen,
weilen aber eben dieser Tag ganz warm und weich gewesen,
ist ihm solches missrathen worden, ist also alsbald ohn allen
Schaden nach Nersinger Bruck geführt worden, hat auch alldorten
nit dörfen durchsetzen. Wir sein in dieser Nacht in grossen
Sorgen gestanden, bevorab weil der Wahl uns wegen der schweren Contribution oft heftig gedrohet, ist aber, Gottlob, besser abgangen, weder wir haben können hoffen. Ja nach der Soldaten
Aussag ist denen Soldaten hoch verboten, uns im wenigisten zu
molestiren. Dieser Tagen sein in dieser Gegend Leut gefunden
worden, welche unmenschliche Sachen geessen haben wegen un-
leidenlichen Hungers. Einer hat um 5 Bazen ein Rosshaut gekauft, solche ein Wochen etlich aufgehenkt, nachmal particulweis
herab wie Kuttlen geschnitten, gekocht und alle Stücklen gefressen. Ein anderer hat 5 Tagwerk Mads, will allweg um
1 Pfannen mit Muss ein Tagwerk Mads geben, auch solches ihm
ewiglich lassen. O Jammer, o Elend! Als ich dieses schreib,
kommt certus nuntius, wie dass zu Wallstötten ein Weib ihrer

---

¹) Nördlingen? Dieser Umweg mag durch den Umstand gefordert gewesen
sein, dass das Ulmer Gebiet voll Kriegsvolk lag. Doch ist nicht an wirkliche
Ankunft in beiden Orten, sondern nur an die Richtung der Reise zu denken.

Schwester Kind geessen; ob sie solches auch getödtet, weiss man noch nit. Den 13. Febr. ist der H. Grosskeller mit dem H. Secretario nacher Ulm gezogen, dem Herren Löschenbrand das ihm versetzte Silbergeschirr zu überliefern, welcher das verguldte pr. 11 Bazen, das silberne aber pr. 9 Bazen durch und durch angenommen und noch 4 Wochen inducias geben, was wir wollen haben, zu lösen. Silberne und verguldte Opferkänntlen und Schälele möchten wir wohl lösen, wann Geld vorhanden wäre; weil sonst aus der Sacristei nichts darunter, wolltens wir in den Wind schlagen und denken, es wurde uns in der Ausplünderung ohne das genommen worden sein. Der Junker von Leipheim hat in solchem gehandlet, desswegen er ein stattliches Pferd oder bei 20 stattliche Bücher aus der Bibliothek haben wollen, weil ihm aber solches abgeschlagen, ist er nit mehr guter Nachbar. Die Summa ist 1000 fl. Den 12. Febr. haben wir einen Karren nacher Schorndorf geschickt, 2 Fass von unserem Wein zu holen. Weil aber der Commandant nit vorhanden, hat der Karrenknecht um Bericht nacher Stuttgart geschickt; weil aber solcher über 3 Tag ausgeblieben, hat er und unser Wirth 3 Fass guten Wein per 24 fl. gekauft und wollen herausführen. Als sie aber an Geysslinger Steig kommen, hat man ihnen 3 Ross hinweg genommen und nacher Geysslingen geführt. Die 2 hat man wieder bekommen, das dritte aber ist dahinten blieben. Unsere 2 Fass Wein hat man wieder nacher Geysslingen in einen Keller gebracht, der Wirth hat eines hieher gebracht und die Mass pr. 5 Bazen geschenkt. Den 23. Febr. haben wir unsere 2 Fass auch hieher gebracht und solche in das ober Kellerle geschlossen, über welches Adm. Rdus [1]) allein den Schlüssel behalten; kosten mit allen Unkösten über 94 fl.

Den 9. Mart. kommt gewisser Bericht, wie dass zu Oxenbronnen ein Weib ihr 2 Tag altes Kind gekocht und geessen. Den 11. Mart. sein 2 stattliche und mit Stüppich [2]) und Fässer wohl geladene Schiff die Thonau hinunter kommen; die gemeine Sag gehet, sie müssen nacher Wien an den kaiserischen Hof. Möchten, Gott will den lieben Frieden dargegen causiren. Den 13. Mart. ist der Bot, welchen wir vor 14 Tagen zu dem Obristen Gallas geschickt wegen unsers zu Schorndorf liegenden Weines,

---

1) Admodum Reverendus, d. i. der Abt.

2) Stüppich, besser Stüblch, ohne Zweifel von Stube, das ursprünglich einen geschlossenen Raum oder bedeckten Ort bedeutet, heisst ein zum Einpacken dienendes Fass.

welcher 5 Tag daselbst auf ein Antwort gewartet, weil er endlich verreist, ohne Antwort hieher kommen. Trage Sorg, wir
werden diess Jahr mehr Bier- und Wassersuppen, als Weinsuppen
müssen essen. Unsere Unterthanen jenerhalb der Thonau, was
nit gestorben, weichen von Haus und Hof in Oesterreich und
andere Länder, ihr Nahrung daselbst zu suchen. Stehen derowegen viel Flecken, sowohl der unseren, als anderen Herrschaften,
ganz öd.

Dieser Tagen (24. März) haben sich die Augspurgische wieder dem Kaiser ergeben, weil sie den ganzen Winter stark von
den kaiserischen Soldaten bloquirt und der Pass allenthalben
stark verwahrt worden, damit im wenigisten nichts hinein möchte
kommen, welches darin einen erschrecklichen Hunger und Theure
causirt, desswegen sie sich zu ergeben gezwungen worden ohne
einiges Blutvergiessen. Ist derowegen allbereit auf allen Strassen
ein starkes Zuführen von allen Victualien, fürnemlich aus Württenberg den besten Wein durch Lauingen auf Augspurg zu.
Man hat in den Kaminen viel todter Leichnam gefunden, welche
die Belagerte geräuchert und nachmalen geessen haben (?). Den
25. Mart. ist unser Bot hieher kommen, welcher allen Gewalt
vom Obristen Gallas unsers Weins halber gebracht. Wann es
sicher reisen wäre, wollten wir unseren allerdings verkhonten
Keller voll füllen, wie es aber so hergehen wird, gibts die Zeit.
Die von Süfflingen haben ihren Wein abholen lassen, hat aber
ein Fass in's ander 30 fl. Unkosten gekostet. Eodem sein 1000
wohlgerüste Reiter für Alböckh mit 2 Stücklen und Leiteren,
Hacken, Bückel und Beiel etc. kommen. Als man aber ein Schuss
oder 3 gegen ihnen heraus gethan, sein sie illico zurück gezogen
und Langenau rein ausgeplündert. Den 31. Mart. haben wir
2 Karren mit 4 Fässer und 6 Pferd, deren die 3 entlehnt, nacher
Schorndorf geschickt, seind aber den 1. April im Hinabfahren
ein halb Stund von Göppingen ¹) von 16 Soldaten geplündert und
alle Pferd, wie auch 10 fl. an Geld hinweg genommen worden.
Das Geld haben sie im Kleid vernäht gehabt und darvon gebracht
und übel mit Pistolen und Wehren geprügelt worden. Sein also
die Diener den andern Tag mit leerer Hand und vielen Beulen
wieder hieher kommen.

Den 2. April haben wir wiederum anfahen, die Metten zu
Nacht um 11 Uhr zu halten, welche wir bisher wegen Mangels

¹) St. Göppingen, O.-A. gleichen Namens.

des Lichts beim Tag haben müssen beten. Den 5. April haben
wir und unser Wirth ein Ross an einen Karren gesetzt und
2 Fass Wein zu Geysslingen gekauft und solche glücklich auch
anhero gebracht. Aber kaum ist der Karren herein kommen,
ist Botschaft kommen, wie dass Lehr [1]) und Jungingen ganz voll
der kaiserischen Reiter eingefallen, müssen derowegen unserem
Wein ganz auf dem Fuss nachgefolgt sein. Diese Reiter sein
stark nach der Stadt Ulm gestreift, doch ein kleines Häuflen
voraus geschickt, die Ulmer heraus zu locken, welches auch geschehen. Aber als bald bei 400 heraus in grosser Furi kommen
und die vor Augen habende Reiter verfolgen wollen, ist der volle
Hauf, welcher hinter dem Michelsberg gehalten, herzu geruckt,
viel nieder gemacht, viel gefangen, unter welchen auch vornehme
Officier sollen gewesen sein, ja man sagt, der Obriste Ros selbst.
Und dieser Scharmützel ist zwischen 1 und 2 Uhr Nachmittag
geschehen. Das Schiessen haben wir gerald [2]) gehört. Sein
nachmal mit grossem Sieg die Kaiserische wieder nach Launsen [3])
und deren Flecken gezogen. Dieser Tagen hat der Fürst von
Neuburg viel stattliche Sachen, sowohl zur Canzlei gehörig, als
Gold und silbernen und guldenen Geschmuck von Ulm mit 1 Trompeter und Trummenschlager in einem Schiff abholen lassen, welches er vor einem Jahr 2 hinein geflehnet. [4]) Der Rath hat
freien Pass, sowohl mund- als schriftlich gegeben. Aber als sie
kaum eine halbe Stund von Ulm aus gefahren, sein die Rosische
Soldaten da gewesen, die Schiffleut gezwungen, zu lenden, alsbald
alles geöffnet, was ihnen gefallen, mit sich genommen, die Brief,
Tuch und andere stattliche Waaren in das Wasser versenkt.
Diess soll einer verstorbenen Wittfrauen zu Aichstött Hausrath
gewesen sein. Anjezo kommts, wie dass der Obrist Ros diesen
Schaden allerdings ergänzen und erstatten soll. Zu Lannsen,
Uhrspring [5]) und dieser Orten sein 43 Reiter und Fussgänger
und kommen täglich mehr darzu. Der Graf von Rittberg hat
das Commando über solche, liegt zu Launsen, thun grossen Scha-

---

[1]) Lehr, O.-A. Ulm.

[2]) gerald, wahrscheinlich für gerade in der Bedeutung von genau.

[3]) Lonsee, O.-A. Ulm.

[4]) Herzog von Pfalz-Neuburg oder der sogenannten jungen Pfalz war damals Wolfgang Wilhelm, vermählt mit Magdalena, der Schwester des Kurfürsten Maximilian von Bayern, und seit dem Jahre 1614 vom Protestantismus
zum Katholicismus zurückgekehrt.

[5]) Urspring, O.-A. Ulm.

den auf der Alb, sowohl bei unsern Unterthanen, als anderswo,
plagen und peinigen die Leut, sowohl catholische als lutherische
erschrecklich, darf weder Pfarrer noch Pfarrkind zu Haus bleiben,
desswegen wir täglich 4 Pfarrer in unserem Convent speisen. [1])
Täglich werden bayerische Trompeter in die Stadt geschickt,
was ihr Fürtrag, oder was sie ausrichten, ist in geheim. Den
13. April bis 1. Mai ist in dieser Gegend nit viel geschehen,
doch das Geysslinger und Wisenstaiger Thal wohl belegt mit
kaiserischen Soldaten, desswegen auf der Alb noch Niemand bei
Haus sein dürfe. Man sagt, die Ulmische haben dem Grafen von
Rittberg 3 Tonnen Gold für Plünder- und Brandsteuer gegeben,
welcher zwar abgezogen von dannen, doch bald andere an ihrer
statt daselbst gewesen, qua intentione, gibts die Zeit. Täglich
führen die Ulmische Burger und Soldaten ein gross Gut von
allerlei, ja auch minstem und geringstem Hausrath aus der Pfarr
und umliegenden Flecken nacher Ulm, hat das Ansehen, als wollten
sie die übrige kleine Baurschaft voll gar um das ihrige bringen.
Dieser Tagen haben auch die Ulmer ihre Unterthanen nacher
Haus geschafft und sicherlich zu säen, zu bauen, zu handlen und
zu wandlen befohlen. Was endlich für ein facit wird heraus-
kommen, warte ich mit Verlangen. Der Wiblingische Commandant
hat dieser Tagen alle 3 Weiher daselbst fischen lassen, damit er
solches Gottshaus genug verderbe. Zu Nersingen stehen Weib
und Mann an die Pflüg und ziehen in einem Tag 5 Viertl herum;
wann die Fuhr darin wäre, würden sie gewisslich mehr thun.
Täglich mehret sich der blutige Hunger unter den armen Leuten,
desswegen auch täglich noch viel sterben.

Den 1. May zu Nacht um 8 Uhr ist der gn. Herr Propst
von Wettenhausen allein, doch mit dem Habit hieher kommen,
dann er gewarnet worden, dass er sich etlich Tag sollte anderstwo

---

[1]) Dieser kaiserliche Oberst Graf von Rittberg hatte auch an anderen Orten
ein schlechtes Andenken hinterlassen, so in Salmansweiler, wo er am 27. Febr.
1633 mit seinem Stabe und 3 Kompagnien angekommen und bis zum 11. März
verblieben war. Bürster (a. a. O. 26) klagt von ihm, den er von Rüdtberg
nennt, und den Seinen: „diesen mueste ich das weissbrod mit milch anhöflen
und mit budter lassen backen" und ergeht sich weiter über ihn in den Worten:
„ja der fraind haust in ain weg örger als der fünd, schlechter underschüd,
seyen in allen selbsten mayster, brauchen den wein alss das wasser, alss
rindten und lüfen die turgelbetter jar und tag, tag und nacht ohn underlass,
haben in kainem vergout wass man ihnen thuot, wöllen alzeit mehr; sie halten
fassnacht und mier fasten, würd uns auch noch wol die örgere, lengere und
sträugere fasten überbleiben."

hinbegeben, indem die Ulmische in das Burgauische und der Gegend streifen. Den 6. May ist er wieder nacher Haus gezogen, haben ihm eine halbe Stunden Sauerkraut und ein wenig dürre Huzeln mitgetheilt, welches er mit grossem Dank angenommen und für eine grosse Gab gehalten. Dieser Tagen sein von Lauingen viel Unger Ochsen nacher Ulm geführt und getrieben worden, [1] weiss nit, ob die auf der Alb liegende kaiserische Soldaten solches wissen oder nit wissen wollen. Viel Sache, sowohl an Fisch, Fleisch, Wein etc. wird nacher Ulm gebracht, welche sie doch bei dem Commandanten und Obersten, als wann sie nacher Kloster Elchingen kämen, anmelden, wird dannoch uns im wenigisten nichts darvon zugetragen, viel minder zugeführt. [2] Dieser Tagen haben die Ulmische Soldaten das Kloster Oxenhausen [3] rein ausgeplündert. Den 6. May hab ich nit Salz gehabt, das Weihwasser zu weihen, hab aus dem Thal so viel entlehnt, dass wir diesen Tag gehabt; wie oder was wir morgen haben werden, weiss Gott. Den 11. May haben bei 20 Ulmische Reiter bei Brinz [4] und Stozingen etliche Beuten gemacht, bevorab an leeren Pferden, welche sie um Vesperzeit allhier durchs Thal geführt. [5] 3 oder 4 sein für das Thor kommen, Haber, Wein und Brod begehrt, weil aber weder Wein noch Haber vorhanden, hat man ihnen etlich Brod dargereicht, hätten aber gern ein weisseres gehabt, weils aber nit vorhanden, sein sie sehr schwierig worden, haben anfahen, in das Thor zu hauen und schlagen, wesswegen wir ziemlich perturbirt worden. Sie haben auch 2 Schuss nach dem Diener in's Thorhaus thun wollen, doch haben beede versagt, seind endlich aller türmisch hinweg gezogen. Dieser Zeit werden die Kirschner sehr geplagt von den armen hungerigen Leuten um die Füsslen, welche an denen Lammfellen hangen bleiben. Sie kaufen und essen solche roh hinein. Den

---

[1] Lauingen war doch seit dem Herbste des vorigen Jahres von den Schweden geräumt und von Kaiserlichen besetzt, diese Lieferung an den Feind also jedenfalls eine unerlaubte.

[2] Das ist wohl so zu verstehen, dass viel Proviant nach Ulm gebracht werde, indem man den kaiserlichen Offizieren betrügerisch vorgebe, derselbe sei nach dem Kloster Elchingen bestimmt.

[3] Ochsenhausen, O.-A. Biberach.

[4] Brenz, O.-A. Heidenheim.

[5] Von anderen glücklichen Ausfällen der Ulmischen Besatzung, namentlich einem am 23. März in das Wirtembergische unternommenen, wobei sie 200 Pferde, 2 Standarten und sonstige Beute im Werthe von 30,000 fl. gewann, berichtet das Theatr Europ. 3, 429.

12. May hat man abermal dem Hofkürcher nacher Ulm die Contribution geliefert, nämlich 1 Fuder Holz, 1 Fuder Heu, 8 Säck mit Haber; lauft auf den heiligen Tag gerad 100 Imi Haber, welches wir allbereit geliefert. Den 13. May haben wir an dem heil. Sonntag für das Convent kein Fleisch gehabt, dann man den Samstag darvor dem Boten von Günzburg 37 ℔ Fleisch abgenommen bei Weysingen, welches uns gehörig, wie auch 2 fl. an Geld. Den 18. May ist sehr kalt gewesen wegen des immerwährenden Winds, also dass auch dem Fischer das Garn an das Schiff gefroren war. Den 19. May gegen Abend haben etliche von Nersingen wollen über die Thonau fahren. Indem sie halb darüber gewesen, haben sie etlicher Soldaten wahrgenommen, desswegen sie sich wieder gewendt und herübergefahren; welches als die Soldaten ersehen, haben sie 2 mal auf solche geschossen und einen frommen Mann von Nersingen, mit Namen Paul Bischoff, durch und durch die Hüften geschossen, welcher morgens um 2 Uhr eine Leich worden, dem Gott gnädig seie. Den 20. May haben die Ulmische 15 stattliche Unger Ochsen zu morgen unter der Kirchen zu Günzburg von der Waid nacher Ulm getrieben. Dieser Tagen haben die Ulmer dasjenige Traid, welches in universum hineingeflehnt worden, messen lassen, haben 40,000 Imi gefunden, und so einer was will darvon nehmen, muss ein geschworner Kornmesser darbei sein, damit man könne wissen, was bleibt. Den 27. May war Festum Pentecostes, hatten wir die Feiertäg durch und durch allerdings nichts zu essen gehabt, als Sauerkraut und dürre Huzlen, darzu auch ein armes Haberbier, dann das Fleisch ganz nit zu bekommen, wie auch das Gartengewächs, dann dieser Zeit noch mehr Winter-, als Sommerwetter gewesen. Fast täglich haben wir heftige Wind und schädliche Reifen gehabt, welche das Obst alles hinweg genommen, verderbt und verhörgt, ja fast bis auf den 9. Juny haben wir fast alle Oefen müssen heizen. Bisher und ein Zeit lang ist Erbach, wie auch Albückh mit Ulmischen Soldaten besetzt gewesen, den 27. May aber sein sie sammentlich nach der Stadt gezogen. Ob die grosse Menge des allenthalb und vornehmlich bei Erbach herumschwebenden kaiserischen Volks oder der lang gewünschte liebe Fried daran Ursach, gibts die Zeit. Den 31. May haben wir zu Günzburg einen Unger Ochsen gekauft pr. 69 fl., den halben Theil ausgewogen und pr. 2 Bazen hingeben. Ein gemeine Henn gilt gern 1 Thaler, 1 Ei 3 kr.

Den 3. Juny ist der Herr Propst von Wettenhausen abermal
hieher kommen und abermal dürr Huzlen und Sauerkraut gebettelt,
welches ihm auch nach Vermögen geliefert worden. Den 7. Juny
gegen Abend ist die gemeine Sag von Ulm kommen, wie dass
sich die Stadt Ulm soll ergeben haben und der lang gewünschte
Fried soll vorhanden sein. Und solches hat ein Tag 3 continuirt,
desswegen allenthalben ein grosser Jubel entstanden. Den 9.
aber kommet, wie dass solch alles nichts sei wegen dass sie sollen
kaiserisch Volk in der Stadt haben. Die Wahrheit mit nächstem.
Den 5. Juny hat man im Gotthaus ausdroschen, noch etliche
geschaibte Garben bleiben übrig, kein einziger Vorrath ist auf
der Bühnen, müssen alle Frucht entweder kaufen oder entlehnen.
Die Drescher dreschen aus denen geschaibten Garben kaum ihr
Brod. Den 27. Juny ist Festum Corporis Christi. Das Venera-
bile hat man in einem Kreuzfuss wegen Mangel der Monstranz,
welche noch zu Ulm bei Pauren Gretten versetzt ist, eingemacht,
welcher zuvor in forma tabernaculi consecrirt worden. Den
12. Juny sein 2 Patres ex nostris nacher Söfflingen und Wengen
geschickt worden, Früchten zu bettlen, welche sich sehr ver-
wundert, dass unsere Diener und wir ein Brod haben, uns auch
versprochen, uns mögliche Hilf zu leisten für unser Convent, aber
für die Diener nichts. Desswegen man etliche täglich thut ab-
schaffen. Den 14. Juny ist P. Grosskeller und Secretarius zu
dem Obristen Vicetum [1]) nacher Launsen gezogen, welcher daselbst
und der Gegend mit bei 8000 Reiter und Fussvolk liegt, solchen
um Verschonung sowohl des Gotthaus, als anderer unserer Flecken gebeten, welches er uns auch zugesagt, soviel sein Volk
thut anlangen. Den 15. Juny haben sich etliche Kaiserische
beim Hafenbad sehen lassen, daselbst 20 Ulmische Reiter ertappt
und zu Thalfingen bei 11 Ross den Bauern abgenommen, wie auch
bei uns 6 ausgespannen, welche Holz und Heu nacher Ulm führen
wollen. Den 17., war Sonntag, kamen gen Beerenstatt und Her-
felsingen [2]) etliche Regimenter Reiter und Fussvolk unter dem
Obrist-Lieutenant Vicedom, vorhabens, Alböckh einzunehmen.

---

1) Ohne Zweifel identisch mit dem sogleich begegnenden August Vizthum,
der i. J. 1684 kaiserlicher Kommandant zu Lindau war und mit dem gleichzeitigen schwedischen Obristlieutenant Hans Vizthum aus Thüringen nicht verwechselt werden darf. Dass Bozenhart bei Bestimmung des militärischen Ranges
einer und derselben Person sich nicht gleich bleibt, konnte schon öfter ersehen
werden.

2) Hervelsingen, O.-A. Ulm.

Weil es aber nur soll bloquirt und ausgehungert sein, gehet es
langsam daher, doch ist das Stättlin bis an das Schloss nach und
nach abgebrannt worden. Doch wehren sie sich darin ritterlich.
Nachmittags um 12 Uhr kommt ein tröstliches Schreiben von
gesagtem Obristen, in welchem er uns alle Sicherheit zusagt,
dann er uns wohl geneigt und unser gn. Herr vor diesem sein
Vater worden. Kaum ist gesagtes Schreiben abgelesen worden,
kommt ein Compagnie Reiter oder 2 für das Thor und, weil man
ihnen nit hat wöllen aufmachen, steigt einer über die Mauer
herein und macht denen andern den Pass auf. Da hat männiglich, sowohl geist- als weltlich, die Flucht müssen für Hand
nehmen, da hat einer sich in den Winkel gesteckt, der ander
dort, dann der Reiter zu viel und gar zu wüthig waren, der
helle Tag zur Flucht untauglich und an Leib und Leben gefährlich. Wir hatten ein Kuh oder 5, ein Ross oder 3, ein Schwein
oder 15, jung und alt, ein einzige Hennen, wie auch etliche andere Benachbarten hatten dergleichen auch bei uns geflehnet und
mit aller Macht und Gefahr durch den Winter gebracht, aber
gesagte Stuck waren in einer halben Stund all hinweg. Nach
solchem war ein immerwährendes Hammern an allen Truhen und
Kästen, ja sogar auch im Convent und Kirchen, Chor und Custerei,
in summa: kaum ein Winkel war gefunden, welcher nit durch-
lustrit, verderbt und verhörgt war worden. Unser gn. Herr ist
hinter dem Apostelaltar ertappt, seine Schlüssel, 3 Pittschier, ja
ganz und gar seine Sachen, Hosen und Strümpf ausgesucht und
ausgeplündert worden, dermassen so erbärmlich, dass unser gn.
Herr selbst darob hat müssen weinen. Ist aber, Gottlob, weder
er, noch ein anderer Conventual im wenigsten nit verletzt noch
geschlagen worden, dann ihnen sonst keiner unter die Hand
kommen, dann der eine da, der ander dort sich versteckt hatte.
Ich und noch 4 oder 5 Geistliche sein von 1 bis 8 Uhr bei dem
Uhrhäusle auf dem Chorgewölb gestecket, andere anderstwo.
Ein immerwährendes, erschreckliches Herein- und Hinausreiten
ist dieser Zeit gesehen worden; alles Esserige, so sie haben
können bekommen, ist hin, ja sogar auch unsere dürre Huzlen
und ein Fass Bier oder 2, welches unser Trost war; viel Bier
haben sie laufen lassen. Um 7 Uhr kommt ein Befehlshaber von
gesagtem Obrist Vicedom, welcher solches Unheil bald abgewendt
und ein End gemacht, dessen wir sehr froh gewesen und einer
da, der ander dort herfür gekrochen und nichts anders, als alles
verhörget, verwüst und in Grund verderbt gefunden, ja so viel

nit gefunden, dass wir etwas wenigs zu Nacht zu essen gehabt
hätten. Ein Diener hat uns ein Laib Brod oder 2 geliehen,
Gott vergelts ihm. Weil der Schreck noch in uns war und wir
die ganze Nacht nit sicher waren, so sein 3 Patres, wie auch
3 Jungen nacher Günzburg gezogen, wo sie weiter werden hin-
kommen, gibts die Zeit. Diese Nacht war, Gottlob, fein ruhig
und sicher, doch schlafte keiner unter uns wegen grosser Sorg
und Forcht. Den 18. Juny Morgens nach 2 Uhr sein wir in das
Holz zwischen die Wasser, welches da genennt wird das Lind-
griess, mit unserem Koch und etlich anderen Dienern geflohen
in grosser Eil, und kaum sein wir sammentlich hinabkommen,
sein die Reiter wieder in das Gottshaus gefallen, und was die
vorige überlassen, haben diese vollend hinweg genommen und
dermassen alles verhörgt und verderbt, dass einer ein Abscheuen
müssen haben, wo er hingangen oder gesehen. Den vorigen Tag
hat man vierthalb Säck mit Mehl von Ulm in unserem Schiff abgeholt, welches die edle Herrn bei den Wengen hergereicht,
solche zwischen 2 Wasser in ein dickes Gestäud verborgen, einen
halben Sack voll darvon zu Leybi abgebachen und mit solchem
das Mittagmahl, Grasmahl und Hüttenmahl [1]) gehabt. Das Trink-
wasser hat man müssen zu Leybi in einem Schiff holen, sonst
weder Bier noch Wein bei uns gewesen und ein grosse Hitz.
Zu Nacht um 9 Uhr kommt Botschaft, wie dass der Obriste
Vicedom 2 Salvaguardien in das Gottshaus geschickt, welche alsbald die Rauber hinaus getrieben und uns zu holen befohlen,
ab welchem wir sehr erfreut worden, uns auch alsbald aufgemacht
und sammentlich nacher Haus gezogen. Als wir auf unserem
Prüel beim Heustadel kommen, ist uns der eine Salvaguardie
entgegen geritten und unseren gn. Herrn und uns sammentlich
herauf convoirt. Seind diese Nacht, Gottlob, in guter Ruhe gewesen, haben doch wenig zu essen und nur das liebe Wasser zu
trinken gehabt. Gen Günzburg hat man um ein Fässle Opferwein und für die Salvaguardien geschickt, die Mass pr. 7 Bazen
und einen aus dem Läger, die Mass pr. 30 kr. Täglich muss
man dem Obristen Vicedom Fisch, Salat, Peterling, [2]) Salvai etc.

---

[1]) Grasmahl ist das bei Jagdpartieen auf dem Grasboden eingenommene
Mahl; unter Hüttenmahl versteht Bozenhart höchst wahrscheinlich das von den
Juden am Laubhüttenfeste im Freien gehaltene, so dass er sagen will, das damalige Mittagmahl habe nach Art dieser beiden auf der Erde und unter Laub-
dach stattgefunden.

[2]) Peterling = Petersilie.

schicken. Die Ross haben wir nach und nach allerdings wieder bekommen. Ein Bierfässle bei 40 Mass hat man uns von Ulm zukommen lassen. Den 19. Juny haben die Albôckher dergleichen gethan, als wollten sie ausfallen. Alsbald wird in dem Läger Lärmen, der Obrist Vicedom macht sich auch in Eil auf, als er aber nahe zu Albôckh kommen, schiesst man ein Soldaten und sein Leibpferd unter ihm nieder und ihn selbst durch die Knoden. Dieser Tagen sein 6 oder 7, sowohl Einwohner, als Ausländische, in dem Thal gestorben, weil aber kein Leut, noch Ross vorhanden und deren etliche noch mehr bei 5 oder 6 Tagen gelegen, hat man solche in die Gärten begraben lassen. Ueber 1000 Personen sein dieser Tagen nach Günzburg und der Orten geflohen. Ein stetes Plünderen geschieht sowohl diess- als jenseits der Thonau, diesseits die Kaiserische, jenseits die Ulmische. Den 23. Juny zu Nacht hat man gegen Albôckh ein starkes Schiessen gehört, man will vermuthen, man habe wollen nachen Albôckh schanzen. Die Albôckher wehren sich in der Wahrheit ritterlich in allen widerwärtigen Sachen. Den 22. Juny haben wir ein General-Capitul gehalten und unter anderen darin beschlossen, es soll ein jedwederer ziehen, wo er vermeint sicher zu sein und sein Aufenthalt zu haben; kein Geld, noch Kleidung kann man keinem geben. [1]) Eodem zu Nachts um 8 Uhr ist ein Soldat aus dem Lager zu unseren 2 Salvaguardien kommen, welche heimliche Practiquen gemacht, welche in Eil einen Boten mit einem Brief nacher Dischingen [2]) ober Erbach geschickt, sie aber mit gesagtem Soldaten zu Nacht nach 2 Uhr unsere 2 und des Wirths ein Ross gerüstet und also in grosser Eil mit einem Schelmen im Busen hinweg geritten. Diess waren 2 leibliche Brüder von grossen Aurach. [3]) Alsbald hat man solches dem Obristen Vicedom, welcher dieser Tagen sein Quartier zu Osterstötten [4]) nächst bei Albôckh gehabt, gemeldet, mit welcher Botschaft er sehr übel zufrieden gewesen. Hat auch alsbald einen andern Salva-

---

[1]) Diese Bewilligung benützten 8 Konventualen, darunter der Subprior, der auf dem Wege in Günzburg starb, wie ausführlicher erzählt wird. Ein neues unerwartetes Unglück entstand dem Kloster daraus, dass dem Fischer desselben all sein Werkzeug gestohlen wurde und desshalb selbst Mangel an Fischen entstand.

[2]) Dischingen, O.-A. Neresheim.

[3]) Urach, O.-A. gleichen Namens?

[4]) Osterstetten, O.-A. Ulm.

guardi hieher geordnet. Entzwischen sein wir abermal in grosser
Gefahr des Ueberfalls gestanden. 25. Juny kommt Bericht ein,
wie dass ein kaiserischer Courier in dem Albőckischen Läger
sei ankommen, welcher den Nürnbergischen Accord [1]) mit und
bei sich gehabt, solchen alsbald bei einem Trompeter nacher Ulm
geschickt, beineben auch ihnen sagen lassen, wie dass sie sich
in Kürze sollen erklären, was sie gesinnt seien. Wollt Gott,
dass ein guter Bescheid heraus käme, sonsten müssen wir in der
Wahrheit auf einander sterben und verderben, dann in Kuchen
und Keller im wenigsten nichts mehr zu finden und das liebe
Feld, wiewohlen es allenthalben wohl steht, wirds doch von denen
allenthalben schwebenden Soldaten und Reitern sehr verderbt
und abgemähet. Böse Suchten gehen in dieser Gegend sehr im
Schwung und sterben täglich viel Leut sowohl an dieser Sucht,
als des blutigen Hungers. O Gott, panem nostrum quotidianum
da nobis hodie et semper, sonst ist kein menschliche Hilf zu hoffen,
dann man von Ulm nichts und viel noch weniger mehr will
hinein lassen. Unsere Pflegel sein aufgehenkt, unsere Kästen leer,
über das im wenigsten kein Geld vorhanden, unsere Kleider
verrissen. Wann ich will truckne Füss haben, darf ich in der
Wahrheit nit in unseren Garten gehen, so der Thau liegt.
Unser Thal, wie auch fast alle Flécken sein öd, indem die Leut
zum Theil ausgestorben, zum Theil nacher Augspurg gezogen.
28. Juny. Die Albőckher wehren sich noch ritterlich, doch ist
ein grosser Mangel bei ihnen an Wasser und stirbt desswegen
bei ihnen Leut und Vieh hinweg. Heut hat man anfahen, mit
2 Rossen zu Acker gehen, welche aber bald erlegen, sein also
gezwungen worden, auszusetzen, dann sie tauglicher zur Schind-
grub, als auf den Acker wären.

2. July sein über 100 Pferd in die Wiesen bei der Darren
eingefallen und Futterage darauf gemähet, auch fast alle Setz-
ling heraus gerissen, auch etliche in unserem Haber gemäht,
doch bald durch den Salvaguardi hinweg gejagt worden. Und
diess stättige Hin- und Widerreiten sowohl durch alle unsere und
andere Früchten hat von Morgen an bis in die Nacht hinein ohn'
Unterlass gewähret. Den andern Tag aber ist es viel hässlicher
auf all unseren Feldern, Gärten und Wiesen hergangen, dann es

---

[1]) Nürnberg unterhandelte schon seit dem Monate Mai in Prag und im Juni
mit dem Könige von Ungarn persönlich in Neumarkt wegen Ergebung an den
Kaiser und entschloss sich dazu in der Mitte des letztgenannten Monats, worauf
die schwedische Besatzung abzog.

das Ansehen morgens um 5 Uhr bis um 10 Uhr gehabt, als wäre das ganze Läger in die Felder, Gärten und Wiesen gefallen, solche alle verhörgt und verderbt; haben sie die Früchte nit abgemähet, so haben sie dannoch mit Reiten und Fahren ein erschrecklichen Schaden gethan. Den 4. July haben die Alböckhische begehrt, zu accordiren, denen aber ein kurzer und truziger Bescheid erfolgt. Den 15. July sein die im Schloss Alböckh liegende Musquetierer abgezogen und nacher Ulm convoirt worden. Samstag zuvor sein die H. Commissarii von Ihr Königl. Majest. wieder anheim nacher Ulm kommen, den 16. doch wieder nacher Ihro Königl. Majest. gereist. Den 17. July ist das Feldlager zu Alböckh aufgebrochen und in Blaubeurer Thal nahe bei Söfflingen logiert. Dem von ihnen gehabten Salvaguardi haben wir zu seinem Abzug 8 Ducaten und 2 Bockhäute müssen geben, welches man von hiesigen Leuten gleichsam hat müssen bettlen. Der Commandant von Günzburg ist eodem die nacher Alböckh commandirt worden, welcher uns auch einen Salvaguardi herein gelegt, kann ihn aber noch nit loben. Er hat 3 Pferd, 1 Huren und 1 Jungen bei sich allhier. Die Pest grassirt sehr allhier und sonderlich im Convent, [1] desswegen wir im wenigsten nit zu einem kranken Bruder gedärft, dann sie die böse Krankheit sehr heftig gehabt, wesswegen wir auch gezwungen worden, in allem das Convent zu meiden, und ist uns bei Tag und Nacht das Fürstenzimmer davornen eingegeben worden. Haben auch kaum saeculares bekommen, welche unsere verstorbene Brüder thäten begraben wegen grossen Abscheuens. Unser sein noch, so lang Gott will, 10, 3 draussen, 7 herinnen. Der Gottesdienst wird in allem unterlassen, doch liest man noch täglich Mess. Dieser Tagen haben wir einen Boten nacher Schorndorf zu dem Commandanten geschickt wegen unsers Weins, welcher uns ein traurige Botschaft gebracht, sagend, wie dass der Wein von Schorndorff

---

[1] Im Kloster starben vom 7. bis 23. Juli drei Konventualen, von denen der eine in der Nacht um 10 Uhr vor der Kammer eines Mitbruders mit der Bitte, ihm schnell die letzte Oelung zu ertheilen, erschien, aber noch vor der vollendeten Zubereitung hiezu todt niederfiel. Entsetzlich wüthete die Seuche meist aus dem Grunde der Ueberfüllung der Bevölkerung durch die in Massen hineingeflüchteten Landbewohner, von denen man schon im Nov. 1634 bei einer vom Rathe angeordneten Zählung 8440 zählte, in Ulm, wo sie häufig an einem Tage circa 100 Opfer forderte, die man ohne Sang und Klang auf dem Leichenwagen, dessen Räder mit Filz beschlagen waren, hinausführte, wenn nicht Feindesnähe diess unmöglich machte. Die Chronik zählt 14,394 Personen, die in diesem Jahre 1635 der Pest in der Stadt erlagen.

ganz und gar hinweg, auch auf's zukünftige Jahr nichts zu hoffen
wegen Mangel der Pflanzung. Bleiben also uns über 30 Fuder
aus und hinterständig. Ueber 6000 Fuder Wein sollen darinnen
verbronnen sein. Den 27. July gegen Nacht sein die Ulmische
Herren von königlicher Majest. wiederum heim kommen, darauf
den 28. July der Fried allenthalben promulgirt worden, [1] darauf
den kaiserischen Soldaten und Marquetentern ein offner Pass in
die Stadt gemacht worden. Ein teutscher Herr ist selbst persönlich hinein gezogen, doch nit in dem teutschen Haus, sondern in
einem Wirthshaus logirt, weil solches übel zugericht. Die Rosische,
die Schlammerstorffische, die Offenburgische Soldaten sein mitten
in der Nacht zuvor sammentlich durchaus zogen, wohin? ist un-
bewusst, doch haben die Kaiserische auf sie gespannen. Den
29. July sein unsere 2 Salvaguardi von dannen hinweg gezogen,
welche auch bei 40 fl. an Geld gekost. Alles Volk, sowohl kaiserisch als schwedisch, muss, Gottlob, aus diesen Landen.

Dieser Tagen (Anfang August) haben die Ulmische ihrem
Volk sowohl zu Fuss als Reitern abgedankt und alle geistliche
Pfarrer, wie auch die Prädicanten wieder nacher Haus ziehen
lassen. [2]

---

[1] Die Bedingungen der Unterwerfung führt das Theatr. Europ. 3, 508 an.

[2] Nachdem nun für eine Weile der Waffenlärm wenigstens sich mindert
verzeichnet Bozenhart auf den folgenden Blättern meist Notizen, welche auf
das innere Leben und die auf's äusserste herabgekommene Oekonomie des
Klosters sich beziehen. Dankbar wird wiederholter Unterstützung durch das
selbst so schwer beschädigte Kloster Söflingen erwähnt, die jedoch wieder
durch einen Unglücksfall in sehr unlieber Weise gemindert wird, indem einem
von dort sehnlichst erwarteten Fasse mit Bier beim Aufladen der Boden ein-
bricht, so dass kein Tropfen nach Elchingen kommt. Zur Abwehr der noch
lange fortwüthenden Pest, welche im Kloster den Sekretär mit Weib und drei
Kindern, den Meister Koch ebenfalls mit Weib und vier Kindern binnen vier
Wochen und den Kämmerling (Kammerdiener) hinweggraffte, stiftet der Abt
mit der noch übrigen Dienerschaft des Klosters drei Kersen zu Ehren der hl.
Dreifaltigkeit, des hl. Rochus und Sebastian, die täglich auf dem Altare des
letzteren während der Volksmesse brennen sollen. Mit Anfang Okt. mindert
sich die schreckliche Seuche, lässt aber böse Fieber zurück. Die Kirchweihe
(am 1. Okt.) macht sich schon etwas freundlicher, wie in den Vorjahren, denn
es gibt Wein und Gebratenes. Im Ochsenstalle wird eine Bierhütte gebaut,
der „ein junger Gespann" aus Schneckenhofen (B.-A. Günzburg), erst mit
weissem, dann aber auch braunem Biere es versuchend, als „Biersieder unter-
steht." Trefflich gedeihen die Rüben, von denen eine einzige, und noch nicht
die grösste, 4 ff wiegt, und vier Wägen voll nach Günzburg verkauft werden.
Am 4. Nov., wo es noch so warm ist, dass sich die „Weibfalter" sehen lassen,
geben vier Ulmer Metzger 156 ungarische Ochsen auf die Klosterweide und

Graf Friedrich von Fürstenberg, ein General-Wachtmeister, ist den 6. Nov. allhier auf das Wasser gesessen und haben unsere Fischer ihn nacher Lauingen geführt. Den 20. Nov. sein 2 Compagnien Reiter, welche lange Zeit bei Ehingen und der Gegend herum gelegen, nacher Söfflingen gezogen, daselbst sehr übel gehaust, haben [1] über das 320 fl. geben müssen. Diese seind schon auf dem Weg gewesen, uns heimzusuchen und rein auszuplündern, doch hat Gott und gute Leut ihr Meinung verändert und haben sie das Quartier zu Langenau gemacht, daselbst sehr übel gehaust. Den 21. sein 19 Compagnien wohl complet in das Burganische ankommen und in dieser Gegend Quartier gemacht. Den 22. sein 9 Compagnien zu Leipheim über die Donau gegen Nacht um 3 Uhr gen Unter-Elchingen, Langenau etc. gelegt worden. Alsbald haben wir von dem Commandanten ein Salvaguardi begehrt, welcher uns auch alsbald ist zugeschickt worden. Kaum sein sie gen Unter-Elchingen kommen, sein 2 oder 3 vor unserem Thor gewesen, haben das Ulmische Mezgervieh, als man solches in grosser Eil hat wöllen herein treiben, bei 50 Ochsen, vor dem Thor ertappt, solche alsbald nacher Unter-Elchingen getrieben, bei 10 die Nacht hindurch niedergemacht. Morgens früh waren die Mezger vorhanden, lösten den Rest mit 630 fl. Sehr viel Vieh und Ross haben sie auf Ulmer Strassen wie auch zu Langenau und Riethen ertappt, dann es war der vierundzwanzigst ein Samstag. [2] Viel Bier und etlich Säck mit Haber hat es uns gekostet, haben uns auch das Malz zu einem Sud, welches in der Riedmühlen hat sollen gebrochen werden, mit sammt einem Ross und Karren hinweg genommen. Der Obriste dieses Volks ist zu Günzburg gelegen, ein Graf von Schlickh. Diess Volk ist ohn unseren sonderen Schaden den 27. Nov. ab und wieder nach Leipheim und von dannen nacher Tyrol gezogen. Ein halbe Stund hernach, als diess Volk hinweg gezogen, kommen etliche stattliche Fourier vom Obristen Lieutenant Johann Chri-

liefern dafür wochentlich einen Ztr. Fleisch. Doch aber herrscht ringsum grosse Noth, so dass die armen Leute die Eicheln zum Mahlen, „das Mütle zu 20 kr." aufkaufen; auch findet die Martinsnacht das Kloster, in welchem sich der bier siedende junge Gespann nicht auf die Länge bewährt zu haben scheint, wieder ohne Bier und gesottene oder gebratene Gans. Mitten in diesen Notizen begegnet seltsam die folgende: „Vor 1/4 Jahr haben die Ulmische den Langenauer Thurm mit Zwilch gedeckt. Et hoc certum."

[1] Nämlich die Nonnen des Klosters.

[2] An welchem an einem unbestimmten Orte, vielleicht in Ulm, Viehmarkt mag gehalten worden sein.

stoph von Rietheim. Diese haben sollen ihr Quartier zu Langenau
haben. Als der Junker[1]) daselbst solches abgebeten, hat er
solches anf uns gelegt, sagend, dass sie gar gute Quartier bei
uns haben würden, dann wir alles genug, auch gar lang keine
Soldaten gehabt etc., welches doch alles in Grund verlogen, inmassen die Soldaten solches selbst in der That gesehen und erfahren und übel mit dem verlogenen Junker zufrieden gewesen.
Ja, wann er vorhanden gewesen, hätte er gewiss das Leben
müssen lassen, dann ihm sehr gedrohet worden. Den Stab mit
viel Soldaten und Bagage haben wir in dem Gottshaus haben
müssen, im Thal und Thalfingen sein bei 5 Standarten gelegen,
in denen Flecken haben sie übel gehaust, im Gottshaus aber ist
es ziemlich wohl abgangen nach Gestalt der Sach. Viel Brod,
Bier und Haber hats gekostet, seind endlich wohl content den
29. Nov. hinweg und nacher Weydenstötten und denen Orten
gezogen. Stündlich hat man müssen auf den Obrist-Lieutenant
warten, dann er von Lauingen nach Nerrlingen gezogen, wie
man sagt, einer schönen Dama nach, ist dannoch nit hieher
kommen. Ein starker Ochs ist beim Bader-Holz und Forst dieser
Tagen oft gesehen worden, die Soldaten haben ihm auch stark
nachgesetzt mit Schiessen und Stechen, doch ihm nichts abge-
wonnen; wollte wünschen, dass er in unser arme Kuchen lief.

Den 7. Dec. sein abermal gegen Nacht 6 Quartiermeister
in's Gottshaus kommen, darin ihr Nachtquartier gemacht, welche
Proviant von Donawörth nacher hohen Wiell geführt, welches
noch von den Kaiserischen belagert; die Wägen aber sein anderswo geblieben. Ist auch wohl abgangen. Die Posten, welche
bei 4 Jahren nit viel gegangen, fahen wiederum an zu gehen,
doch muss man sie an etlichen Orten per pedes verrichten wegen
Mangel der Pferde. Das Imi Roggen gilt zu Ulm 11 fl., der
Holzäpfelessig wird von uns pr. 5 kr. verkauft. Die Ulmer haben
von ihren Stadtwirthen 5 kr. von 1 Mass Wein Umgeld. Dieser
Tagen haben die Früchten insgemein sehr aufgeschlagen, das Imi
Kern um 16 fl. erkauft worden. Dieser Tagen kommt Bericht
ein, wie dass im Württenberger Land über 77,000 Fürst von den
kaiserischen Soldaten in die Aschen gelegt worden. Sein auch
bei 18,000 Stuck Vieh ans Bayern und denen Orten nacher Ulm
getrieben worden.

[1]) Unter diesem Junker ist wohl wieder der Verwalter des Oberamtes, das
die Stadt in dem l. J. 1377 von den Grafen Heinrich und Konrad von Werden-
berg erkauften Langenau errichtet hatte, zu erkennen.

Annus 1636. [1]

Den 1. Jan. am Neuenjahrstag kommt ein Schreiben hier
ein, wie dass man aus dem Gottshaus alsbald nacher Heydenheim
solle Gesandten schicken, dann daselbst 4 Fahnen Soldaten, doch
der Fahn etwan kaum 16 stark, in die grenzende Gottshäuser
gelegt sollten werden, welches auch geschehen und unser Grosskeller auch daselbsthin gereist, doch wenig erlangt. Die grenzende Gottshäuser Zwifalten, Marchtall, Söfflingen habens fast
abgekauft und nun an dem ist, dass wir's allein haben müssen.
Desswegen man den 14. Jan. in Thomertingen 100 Pferd, in
Dornstatt 50 logirt. Einmal zwei ist unser Grosskeller zu
Heydenheim gewesen in Meinung, solches abzuwenden, entzwischen
haben sich Heydenheim und andere Gottshäuser mit allerlei Mittel
von solchem Volk ledig gemacht, kommt also der ganze Last auf
uns. Nunmehr ein Wochen 4 haben wir hin und wider sollicitirt,
ob wir unser Weingefäll möchten kriegen von Schorndorf, hat
uns endlich der Graf von Sulz [2] solches durch ein Schreiben zugesagt. Därf, [3] Gottlob, nun mehr nit, als dass unser Bot von

---

[1] Was den Gang des eigentlichen Krieges betrifft, so wurde Ehingen
von demselben in diesem Jahre noch weniger, als im vorigen, direkt berührt,
da er an der westlichen Grenze, von welcher der kühne Johann von Weert
sein gefürchtetes Streifen bis in die Nähe von Paris ausdehnte, und im fernen
Norden von Deutschland, wo bekanntlich der am 4. Okt über die vereinten
Kaiserlichen und Sachsen bei Wittstock in Brandenburg erfochtene glänzende
Sieg den Schweden und übrigen Feinden des Kaisers neue Ermuthigung und
Hartnäckigkeit verlieh, mit all seinen Schrecken sich bewegte. Doch aber
durften Kloster und Umgebung auch in diesem Zeitraume sich keineswegs der
Ruhe zur Wiedererholung von den schweren Wunden erfreuen, sondern mussten
vielmehr fast ununterbrochen neue Schläge, die ersteres fast ganz an den Rand
des Unterganges brachten, erleiden. Diess wurde zunächst dadurch veranlasst,
dass dem Herzoge Eberhard von Wirtemberg aus dem Grunde der Weigerung,
die ihm als unausführbar erscheinenden Bedingungen zu erfüllen, die erbetene
kaiserliche Amnestie noch immer vorenthalten wurde und daher dessen Land
von Truppen besetzt blieb, welche schon die nöthige Unterhaltung, mehr aber
noch die unersättliche Beutegier bewog, auch in die benachbarten, bereits
amnestirten oder dem Kaiser treugebliebenen Reichstheile zu streifen. Ausser-
dem zogen nach dem fernen westlichen Kriegsschauplatze kommandirte Regimenter fast ohne Unterlass die Donaugegend entlang und drangen sich daselbst
zur lästigsten Einquartierung auf.

[2] Karl Ludwig Ernst, Graf von Sulz, bis dahin Präsident des Reichs-
kammergerichts zu Speier, war von König Ferdinand nach der Einnahme von
Stuttgart mit 2 Kollegen als kaiserlicher Statthalter und Kommissär in Wirtemberg aufgestellt worden.

[3] Es bedarf nunmehr nichts, als dass etc.

Stuttgart wiederum hieher komme und den vollen Gewalt und
guten Frieden bringe. Dieser Tagen (11. Jan.) haben wir ein
Botschaft empfangen, wie dass uns von Stuttgart 6 Fuder Wein
auf diessmal abzuholen erlaubt, weil aber um Schorndorf und der
Gegend viel Soldaten sich aufhalten, wird misslich sein, solchen
abzuholen. Den 26. Jan. ist der Obriste Gordum, [1]) welcher unser
Gottshaus bis dato so oft und heftig angefochten, hieher kommen,
welcher ein ansehenlicher gravitätischer Cavalier, ja unserem
gnädigen Herrn, wie auch uns sehr fürchtig vorkommen, desswegen wir wenig bei ihm gelacht. Hat dannoch dermassen endlich ein Liebe und Barmherzigkeit gegen unseren gn. Herrn und
uns erzeigt, dass wir uns sehr darob erfreut; ja er hat gesagt,
wann es bei ihm stünde, wollte er nit ein Kreuzer von uns nehmen, ja er wolle auch daran sein, dass wir unseren Wein können
und mögen heraufbringen von Schorndorf, und ist also wohl content nacher Ulm gezogen. Morgens frühe kommt ein Officier,
welcher sagt, dass er Ordonanz habe von gesagtem Obristen
Gordon, dass wir innerhalb 8 Tagen sollten 1000 fl. erlegen und
solches per forza, darüber unser gn. Herr allerkleinmütig worden
und kürzlich negative geantwortet, man machs mit uns, wie Gott
wölle! Täglich haben wir viel Soldaten im Gottshaus, wie auch
Pferd; einen Salvaguardi hat man uns gegeben, welcher aber
wenig abgewendet oder Nuz geschafft. Viel des Biers ist uns auf-
gangen. 3000 fl. begehren sie, und wann man innerhalb 8 Tagen
1000 fl. erlegt, wollen sie mit den anderen 2000 fl. accordiren.
Wir könnten in der Wahrheit nit 1000 Heller geben, es gehe
uns, wie Gott wölle. Unsere beste Kirchensachen haben wir
abermal nacher Ulm in unseren Hof geführt. Zu Haydenheim
hat man dieser Tagen einen bayrischen Commissarius eingesetzt,
nomine N. Seibelstorffer. [2])

Den 5. Febr. ist der Obrist-Lieutenant Gordon mit 2 anderen
seinen Brüdern hieher in's Gottshaus mit ziemlich viel Soldaten
kommen und allhier sein Winterquartier angetreten. Den 8. Febr.
hat er mit uns anfahen accordiren, wir haben ihm wollen 500 fl.

---

[1]) Oberst Gordon, Buttlers Genosse bei des Fürsten Waldstein Ermordung?

[2]) Bald nach der Unterwerfung des grössten Theils Wirtembergs hatte der
Kaiser dem Kurfürsten von Bayern zum geringen Ersatze seiner Kriegskosten
das Amt Heidenheim übergeben, worauf dieser in demselben durch seine Kom-
missäre Abschaffung des protestantischen und Wiedereinführung des katholischen Glaubensbekenntnisses forderte und durch katholische Priester auch zu
verwirklichen begann.

geben, er hat aber solches gleichsam für eine Verachtung gehalten, desswegen sich selbst sehr erzürnet und mit einem Wort
gesagt, der Teufel soll ihn hinführen, ja er wolle alsbald das
Gottshaus wie auch des Gottshauses Flecken dermassen ausplündern und verstören, ja endlich gar abbrennen lassen, wann man
ihm nit in dieser Stund thäte versprechen, dass man ihm innerhalb 5 Tagen wolle 1176 oder 77 fl. liefern, sagend, wie er uns
über 4000 fl. thät schenken, welcher Obriste solches thun würde?
Einhelliglich haben wir ihm wollen ein Fussfall thuen, weil wir
aber vermerkt, solches umsonst zu sein, haben wir ihm die obgesagte Summa ohn einige Widerred müssen versprechen, dann
die Soldaten allbereit bei dem Ziegelstadel des Sentenzes erwartet,
ja über das noch monatlich, so lang er hier zu Land werde sein,
haben wir ihm 500 fl. müssen versprechen. Diess aber hat sein
anderer Bruder, welcher ein ansehenlicher, bescheidener und die
Geistlichen liebhabender Obrister war, uns versprochen, bei diesem
seinem tyrannischen Bruder abzubitten. Ob es wird geschehen,
weiss ich noch nit. Den 9. Febr. sein alle 3 gesagte Brüder
von hinnen gegen anderen an der Thonau gelegenen Gottshäusern
gezogen und solche ebenso fast geplagt, als uns. Der gesagte
gute Obrist aber ist in das Württenberger Land gegen Winnaden [1]
gezogen, hat unseren Herren Konraden mit sich für einen Pfarrherren genommen. Sein dannoch bei Tisch Soldaten noch allhie
geblieben, wiewohl wir die Fasten gehabt. Den 16. Febr. haben
wir ihnen erlegt 1000 fl., wollen dannoch nit häbig sein. 1 Has
gilt zu Ulm 24 Bazen. Noch mehr ein lange Zeit haben wir
kein Oel gehabt zu brennen, desswegen man das Licht zur heil.
Mess von einer glühenden Kohlen müssen, anzünden. Ein neu
Manier haben die Soldaten erdacht, von denen Bauren das Geld
zu pressen. Sie heben die Füss und kizeln solche mit einem
Strähl [2]) an die Sohlen, bis sie bekennen oder Geld geben. 9 ℔
Stockfisch bringt man uns von Günzburg, das ℔ pr. 18 kr.,
1 Häring pr. 5 kr., 1 Ei pr. 1 halben Bazen. Keine Fastenbrief
haben wir diese Fasten gegebeu, dieweil wir wenig oder gar
nichts in Kuchen und Keller hatten. Hatten wir etwan Fisch
oder etwas dergleichen kriegt, so haben's wir in dem Convent
kochen müssen, sonsten die Soldaten, welche ohn Unterlass in

[1] St. Winnenden, O.-A. Waiblingen.
[2] Strähl, Strehl nach Schmeller schwäbisches Wort für Kamm, woher
auch strälen gleich kämmen.

der Kuchen haufenweis sich aufgehalten, uns nichts haben wollen zukommen lassen. Wann man in die Kuchen muss Milch haben, müssen's wir von Burlafingen bringen lassen, die Mass pr. 3 kr. Den 9. Mart. ist Langenau rein ausgeplündert worden, wie auch nachfolgender Tagen, desswegen täglich eine grosse Schaar Volk nach Ulm flieht. Die Ulmer geben monatlich dem Ungerischen König 18,000 fl. für Quartier; dannoch wird ihnen nit aller Orten verschont, doch mehr als uns. Den 16. Mart. sein die Soldaten zu Alböckh und Göttingen gemarchiret, weiss Gott, wann die unseren! Den 27. ist unser P. Konrad wiederum von seinem Obristen Gordon licentirt worden und mit stattlicher Convoi hieher kommen. Den 28. hat der Freiherr von Burgberg[1] in eigener Person, doch zu Fuss, und nur mit einem Diener ein anderthalbjähriges Kind bei St. Nicolai Altar helfen zur Erde bestatten. Ist sowohl von denen Schwedisch- als Kaiserischen sehr ruinirt worden. Zu Nersingen hat man einen Acker um $1/_8$ Imi Grisch feilgeboten, welchen man zuvor per 300 fl. erkauft. Dieser Zeit haben wir 2 Mehnen und einen Karren nacher Schorndorf geschickt, unsere Wein abzuholen, welche 8 Tag aus gewesen, doch 9 Fass gebracht, haben bei 87 fl. Unkosten gekostet. Den 8. April haben wir 3 Fass nacher Ulm geführt in Meinung, solche zu verkaufen; die Ulmer aber haben solche nit wollen anstechen lassen, weilen es Aftermontag war.

Den 9. April sein die Bayer allhier fürüber nacher Ulm mit Früchten beladen gefahren, welches diese 4 Jahr herum nie geschehen, werden Gottwill ein Wohlfeile machen. Den 12. April haben wir 6 Fass Wein zu Ulm pr. 37 ₰ verkauft, damit man den Rest der Gordonischen Schuld bezahlen möchte, welcher sich noch auf 400 fl. erstreckt; ist ihnen auch den 14. solches erlegt worden. Den 20. April ist der Obrist-Lieutenant Gordon über 12 stark hieher kommen, war abermal das Kloster voller Soldaten und nichts in Kuchen und Keller, bracht doch 2 Schaf und 2 Kühe von Zwiefalten hieher, solche zu mezgen. Morgens sein sie wieder nacher Ulm verreist, aber gegen Nacht allertrunken bei 16 Pferd stark wieder kommen. Den 23. April hat der Obrist-Lieutenant a Rdo nostro noch den Monat April und Mayen be-

---

[1] Burgberg, O.-A. Heidenheim, den Grafen von Oettingen lehenbare Herrschaft, besassen seit der 2. Hälfte des 15. Jahrh. die Herren, später, seit 1684, Grafen von Grafeneck.

gehrt, welches bei 800 fl. thut anlaufen. Desswegen wir denselben Tag den Capitain-Lieutenant zu uns berufen, die Unmöglichkeit ihm erklärt und mit weinenden Augen solches rund abgeschlagen und, so sie befugt wären, solches mit Gewalt zu
suchen, mögen sie solches thun, wanns nit anderst könne sein,
so begehren wir einhellig hinweg, wo uns Gott würde hinleiten.
Der Capitain-Lieutenant erzeigte sich ganz mitleidig und un-
schuldig, wollte doch solches dem Obrist-Lieutenant anzeigen und
die Resolution alsbald erfolgen lassen, auf welche wir bei 2 Stund
gewartet, aber kein Antwort ist auch ein Antwort. Diejenige,
die mit dieser Haushaltung umgehen, haben schon mehrmal be-
zeugt, dass wochentlich über 200 fl. in allem aufgehe, dann bisweilen 30, 40 Pferd minder oder mehr vorhanden sein. Dieser
Tagen haben wir 2 Capitul gehalten in Meinung, Wallstötten zu
verkaufen. Haben auch vermeint, es werde einer von Augspurg
vorhanden sein, Geld zu solchem Intent darzustrecken. Er ist
wohl Willens gewesen, hat ihn aber gereuet. Den 25. April ist
der Obrist-Lieutenant mit etlich wenigen hinweggezogen, doch
das Gottshaus noch voller Soldaten gelassen.

Den 2. Mayen hat der Capitain-Lieutenant einen Obristen
mit seiner Gemahl und etlich andere zu Gast gehabt, hat mehr
nit als ein Lämmle in die Kuchen geben. Den Wein haben wir
als bei unserem Wirth holen müssen; sie haben diesen Tag
89 Mass Wein ausgesoffen, die Mass pr. 18 kr., den andern Tag
sein sie erst wieder nacher Haus gezogen. Als der Koch aber
nichts in der Küchen für ein Frühstuck gehabt, hat der Lieutenant solchen mit einem Besenstiel geprüglet, uns dergleichen auch
zu thun sehr gedrohet. Den 3. Mayen hat man alle Früchten
ausgedroschen, gehet in Wahrheit alles diesen Tag auf, dann
kein Vorrath in keiner Sach mehr vorhanden. Will gern sehen,
woher wir werden ernährt werden, dann weder Geld noch Nahrung vorhanden und das Gottshaus voller Soldaten. Eodem haben
wir dem Doctor Ribes zu Ulm um 300 fl. einen Platz von dem
Garten in unserem Hof, welcher 30 Schuh in die Breite in sich
hat, verkauft. Die grosse Noth hat uns darzu getrieben.
Dieser Tagen hat uns der Capitain-Lieutenant zum öftermal gedrohet, wofern man ihm nit würde 130 fl. erlegen; wollte doch
endlich 820 fl. aus Genaden annehmen. Wie es endlich werde
daher gehen, gibt die Zeit. Den 13. May ist der Prälat von
Wiblingen hieher kommen und dem Capitain Geld erlegt. Nach-

malen ist in den Stuben, Sommerhaus, wie auch unter dem Thor
auf den Rossen dermassen ein Saufen gewesen, als wann man
das Kloster verkauft hätte und allbereit Weinkauf trinken thäte.
Endlich haben der Fähnderich von Wiblingen und unser Capitain
einander die Händ mit dem Wein gewaschen. Nach St. Georgen
haben wir anfahen, Roggen zu Ulm bei denen Bayern kaufen,
das Imi pr. 10 fl. 15 kr. Den 15. May ist Hauptmann Stuth von
hinnen gezogen, welcher sein Quartier per fas et nefas ein ziemliche Zeit bei uns gehabt, ein Erzzwinglianer und grosser Pfaffen-
feind. Den 17. May ist der H. Grosskeller zu Ulm gewesen, in
Meinung, 600 fl. zu entlehnen, den Capitain zu quittiren, inmassen
er ihm solches den Tag zuvor zugesagt: Indem er aber nichts,
als einen Schuldschein gebracht, hat er illico totus furibundus
seine Trabanten, den einen gegen Wösterstötten, den anderen
gegen Dornstätt, den 3. gegen Thomertingen, den 4. gegen Thalfingen und Thal geschickt, solche Flecken sammentlich auszu-
rauben, Ross und Vieh und was lebendig vorhanden, hieher zu
bringen, ernstlich befohlen, welches diese bösen Buben alsbald,
ja dicto citius, mit grosser Begierd in das Werk gericht und,
kaum man ihnen solches befohlen hat, beim Thor draussen gewesen sind. Hat auch weder Bitten, Heulen, Hainen noch Weinen
kein Statt bei diesem Wütherich auf diessmal wollen haben.
Doch hat endlich unser Rdus solchen mit vielen Zähern erweicht,
solches einzustellen, wann man ihm unfehlbar bis auf den 21. May
werde 600 fl. erstatten, welches ihm auch ist versprochen worden,
wiewohl wir noch kein Heller daran wissen noch haben. Weiss
Gott, wie uns diese Nacht wäre ergangen, wann solches nit wäre
versprochen worden. Ich hab mich schon darein ergeben, desswegen alsbald 3 Hemmeter und meine beste Kleider angelegt,
aber Gott hats gewendet und diesen Gesoffenen verkehrt, dann
er damals ganz gesoffen gewesen. Der Postillon hat sie blutt [1])
vor den Flecken erritten. Den 21. May hat man ihm allhier
350 fl. erlegt, nachmal den 24. May zu Ulm 250 fl., dessen er
auf diessmal zufrieden gewesen und gestellt worden, ja denselben
Tag zu Nacht um 5 Uhr ganz gesoffen hieher kommen, alsbald
zu Pferd blasen lassen, dann alle Reiter, so in unseren Flecken

---

[1]) Dieses merkwürdige Wort findet sich in der Gebrüder Grimm Wörter-
buch 2, 194 in der Bedeutung von „unbekleidet, bloss, kahl, dünn, allein u. a.",
nicht aber in der von „bart, zunächst", in der es offenbar hier gebraucht ist.

gelegen, allhie waren. Alsbald kam männiglich in unserem Hof
zusammen, waren sammentlich 2 Standarten und über 26 Reiter
nit bei beiden. Diese marchirten noch selbigen Abend nacher
Urspringen bei Geysslinger Staig. Wir waren sehr froh des
Abzugs halber, hatten vermeint, es wurde alles hinweg ziehen,
aber sie haben allerdings mehr Mäuler im Gottshaus gelassen,
als zuvor gewesen und zwar böse Buben, welche allzeit übel mit
Kuchen und Keller zufrieden waren, haben die Knöpflen, Strahl-
stein, Galgenvögel etc. geheissen. Dieser unsinnige Capitain-
Lieutenant heisst Jakob Maecswin. Diesem haben wir 121 fl.
erlegt und dannoch das Gottshaus voller Huren und Buben gehabt.
Den 27. May haben wir den hinteren Hof zu Ulm verkauft
pr. 160 fl. und 1 Fass Wein; der Hunger hat uns allerdings
darzu getrieben, dann wir das Korn täglich kaufen, das Imi
pr. 16 fl. Dem Gesindle gibt man täglich 2 Suppen, nichts darvor, nichts darnach. Das hungerige Völkle lieset die abgefallene
Aepfel und Biren unter den Bäumen auf und isst sie für den
Hunger. Den 28. May und dieser Tagen hat es ziemliche kalte
Nächt gehabt, auch morgens etliche ziemliche kalte Reifen. Ein
grosse Dürre ist vorhanden, dann es in 8 Wochen nie geregnet,
welches in allem Gewächs grossen Schaden causirt. Die allhier
noch liegende Soldaten wollen wochentlich für Quartier 100 fl.
haben. Weiss nit, wird man's auf ein Wochen zusammen bringen,
will geschweigen mehr Wochen.

Den 8. Juny ist unser gn. Herr, wie auch Rdus ex Wiblingen et Rdus ex Wettenhausen allhier auf der Thonau in ein
Zillen gestiegen und denselbigen Abend gen Dillingen kommen
und gar ehrlich von Ihr Fürstl. Gnaden [1]) gehalten worden, den
10. Juny von dar nacher Donawörd zu Ihro Königl. Majest.
glücklich gefahren; hoffe, er werde unserem armen Gottshaus
was nützlichs aufbringen. Dieser Tagen sein noch viel Huren
in's Thal einquartiert worden, damit Huren und Buben bei einander seien. Täglich fahren viel mit Traid geladene Schiff die
Thonau herauf, gemeiniglich 20 oder mehr Mann an eins gespannen, einem wird insgemein 8 fl. bis nacher Ulm gegeben,
mag wohl oder übel darvon essen. Täglich lasst sich noch die
Hungersnoth sehen, bevorab allhier. Dann als denen Soldaten
allhier im Gottshaus ein Pferd gestorben und es kaum daraussen

---

[1]) Heinrich von Knöringen, Bischof von Augsburg von 1598 bis 1646.

von der Schleifen geworfen worden, sein alsbald viel hungrige
Thaler vorhanden gewesen und solches ganz und gar aufgearbeitet
und ein jedes seinen Theil nach Haus getragen und mit grosser
Begierd solches gekocht und gefressen. Den 21. Juny gegen
Nacht hat Buzen und Stiel unser Quartier raumen sollen, weil
aber der Rest noch einer Wochen oder 3 ausstellig und über
200 fl., diess haben wollen. Indem man nun mit einander desswegen tractirt, kommt unser gn. Herr von Ihrer königl. Majest.,
welcher ihnen alsbald den königl. Befehl fürgewiesen, welcher
lauten thut, wie dass sie alsbald ohn einzigen Verzug das Quartier
raumen sollten, welches auch morgens um 8 Uhr geschehen ist.

(Hic desunt aliquot folia.)

Den 12. Sept. ist unser Rdus gen Söfflingen geritten in
Meinung, daselbst 50 oder 60 Imi Früchten zu entlehnen, unsere
Felder darmit zu säen. Ihm ist aber mehr nit vergunnt worden,
als 5 Imi; hätte vermeint, es wurde ihm etwan auch ein Vieh
verehrt werden, aber Niemand·hat daran gedacht.

Den 5. Oct. haben wir eine ziemlich gute Kirchweihe gehabt,
indem uns der Herr Mörz von Ulm, welcher uns einen Baurenhof
zu Weysingen abgekauft, einen guten Ochsen in den Kauf geben,
an welchem wir bis zum Advent Fleisch gehabt. Den 6. Oct.
zu Nacht um 5 Uhr ist ein Obrister mit 6 Pferd für das Thor
kommen, die Nacht Herberg begehrt, ab welchem wir abermal
sehr erschrocken, doch hat er für lieb genommen und grossen
Dank gesagt, was man ihm dargereicht. Dieser ist nit weit von
Thierhaupten daheim. 30. Oct. Täglich kommen grosse Züg
Bayer die Thonau herauf, welche fast Traid und Salz führen.
Zu Weydenstötten soll man dieser Tagen 2 Wölf erschlagen haben,
auch zu Mähringen[1] und deren Orten mehr gesehen werden.
Dieser Tagen soll der alte Bayerfürst einen jungen Prinzen be-
kommen haben.[2]

Den 12. Nov. ist ein unbekanntes Weib für das Thor kommen, sagend, wie dass sich in grosser Eil der Prälat oder ein
anderer Fürnehmer des Gottshauses sollte nach der Stadt Ulm
begeben, dann ein grosser Mandatbrief daselbst ankommen, wel-

[1] Mähringen, O.-A. Ulm.
[2] Am 31. Okt. 1630 gebar des Kurfürsten Maximilian von Bayern zweite
Gemahlin Maria Anna, Tochter des Kaisers Ferdinand II., den Erbprinzen
Ferdinand Maria.

cher denen Gottshäusern werde dienstlich sein, desswegen auch alle umliegenden Prälaten allda sich werden versammlen. Wann der Herr Grosskeller vorhanden gewesen, wäre solcher gewisslich geschickt worden, oder der gn. Herr wäre selbst gezogen. Man gibt entzwischen dem Weib Brod und zu essen. Nachmalen schickt man den fürnehmsten Diener mit nacher Ulm. Das böse Weib macht sich aber zu Thalfingen bald von ihm, dass man sie nit mehr gesehen. Ist also dieser Diener in den Aprilen geloffen und mit der langen Nasen wieder heim kommen. Dem argen, doch verhungerten Weib war es um das Essen zu thun. Ach Gott, was verdenkt der Hunger nit! Den 18. Nov. ist der Freiherr von Freiberg, [1] ein heftiger Calvinist, selb dritt hieher kommen und in Continent über 1200 fl. Zins wöllen von uns haben von wegen, dass die von Nüppenburg [2] 4000 fl. hieher geliehen und ab anno 1631 kein Zins ist erlegt worden wegen obgewesten bösen Zeiten. Sein Obligation ist scharf und lang. Wegen dieser Sach haben wir den Doctor Hayligen von Günzburg allhier gehabt, solche Action zu decidiren. Ist mit 200 fl. conditionaliter abgefertigt worden. Die Conditiones wirst du im Protokoll finden.

(Multa hic desiderantur.)

— — — Brod geben. Indem ich nun zu dem Aeckerle, welches innerhalb Wegs gegen den Forst gelegen und das Wannen-Aeckerle (jezund Dieterichs Loch) genannt wird, gegen die Weg-Lachen und Stauden kommen, ecce! da kommt der greuliche, ja erschreckliche Wolf vom Wannenbrunnen, wo der Acker zwischen dem Wannenbrunnen und Forst zum schmälisten ist, herauf, also dass er über 10 Schritt nit von mir gewesen. Wir sehen einander an, halt nit, dass er so sehr ab mir, als ich ab ihm erschrocken sei; weiss weder aus noch an, weiss nit, ob ich gegen dem Wannen-

---

[1] Vielleicht der den Habsburgern stets feindlich gesinnte Reichsfreiherr Michael von Freiberg, der als Oberst in der schwedischen Armee diente, in der von Oxenstjerna ihm übertragenen Stadt Ebingen von kaiserlichen Soldaten gefangen und nach Tirol geführt wurde, später, gegen den Grafen von Hohenems ausgewechselt, den Beitritt zum Prager Frieden verweigerte und i. J. 1640 den Beschlag seiner Besitzungen erleiden musste (Schreiber a. a. O. 757).

[2] Die schwäbische Familie von Nippenburg, deren Stammschloss beim Nippenburgerhofe im O.-A. Ludwigsburg in Ruinen liegt, hatte am Ausgange des 15. Jahrhdts das Erbschenkenamt des Herzogthums Wirtemberg erworben und erlosch i. J. 1640.

brunnen oder gegen dem Forst laufen soll oder ob ich sollte still
stehen, dann die Flucht den Wolf erst möchte zum Springen an-
gereizt haben. Da hätte einer gesehen, wie mir die Härrle gen
Berg gestanden, weiss nit, ob ich hätte Blut geben, so man mich
hätte gestochen. Indem siehe ich dieses greuliche Thier stets
über zwerch an und kehre mich allgemach über Zwerchäcker
gegen unserem Garten zu. Der Wolf aber setzt sich auf das
Gesäss nieder und nimmt fleissig in acht, wo ich hingehe. Wann
er mir ein Schritt wäre nachgangen, weiss nit, ob ich ferner
hätte können fort geben aus Schrecken. Als ich ihm aber ein
wenig aus dem Gesicht kommen, da hätt' einer mich sehen springen.
Hätte selbst nit gemeint, dass ein 50 jähriger Mann solche Sprüng
könnte thuen. Die Wahrheit zu sagen, ich habe alle Zeit, so
lang dieser Wolf vorhanden, begehrt, ihn zu sehen, begehre aber
anjetzo solchen nit mehr zu sehen, es wäre dann, dass ich selb
dritt oder viert wäre.

Den 1. Juli ist unser von dem Mossner von Unter-Elchingen
erkauftes Bier ganz ausgangen, müssen derohalben das Maul in
den Wasserkrug stossen und über das auch rauh Gerstenbrod essen.
Will meinem alten zarten Magen allerdings nit schmecken.

(Hic iterum multa desunt.)

Annus 1637. [1]

Auf den 23. Jan. ist nacher Ulm ein allgemeiner Kreistag
ausgeschrieben worden; doch diess ungeacht sein der mehrer Theil

---

[1] Auch für dieses Jahr, an dessen Beginne (15. Febr.) Kaiser Ferdinand II.
aus dem Leben schied und sein gleichnamiger Sohn, der bisherige König von
Ungarn, ihm auf dem Throne folgte, behält das zur Einleitung der vorliegenden
Aufzeichnungen für das Vorhergehende Gesagte in Bezug auf die Geschichte
von Elchingen und Umgebung seine Geltung. Wieder bewegte sich der Kampf
im Norden, wo die Kaiserlichen und die Bayern an dem hartnäckigen Landgrafen von Hessen-Kassel die Acht vollzogen und Pommern gegen die Schweden
unter Banner und Wrangel vertheidigten, und am Rhein und in dessen Nähe,
wo die genannten Völker im Vereine mit Lothringern gegen die Franzosen und
Bernhard von Weimar stritten. Und ebenso verging auch dieses Jahr mit ver-
geblichen Versuchen der endlichen Amnestirung des Herzogs von Wirtemberg,
der sich in grösster Verlegenheit befand, indem er sich einerseits im Drange
grosser Noth der eigenen Person wie des Landes zum Entschlusse voller Unterwerfung bestimmt sah, andererseits aber Herzog Bernhard ihm ernstlichst drohte,
ganz Wirtemberg mit Feuer und Schwert zu verwüsten, sobald die kaiserliche

Kreisgenossen gar ausblieben, ja nit allein ausgeblieben persönlich,
sondern sich auch weder durch Schriften, noch durch Beamte
entschuldiget: welches anderen gehorsamen anwesenden Kreis-
einverleibten gross Bedenken macht, dann dieser Zeiten 3 Kreis-
tág auf einmal versammblet und angestellt worden, einer, wie
gesagt, zu Ulm, einer zu Münster, einer in Franken, alles hac
intentione, damit der lang gewünschte Fried einest möchte be-
stätiget werden. Gehet doch noch allenthalben auf der Schnecken-
post daher.

Den 6. Märzen ist bei Pilsen und der Gegend ein solches
Treffen[1]) fürübergangen, dergleichen bei Mannsdenken nit geschehen. Die Französische und Schwedische auf der einen Seiten,
auf der andern die Kaiserische und Bayrische, doch endlich die
Widerpart das Feld, leider Gott erbarm's, erhalten. Diess Treffen
hat morgens um 6 Uhr seinen Anfang genommen und zu Nacht
um 7 Uhr sein Endschaft erreicht. Sollen auf beiden Seiten
14,000 Mann geblieben und viel stattliche und erfahrene Officier
beederseits gefangen sein. Es wird dem Kaiser und Bayrfürsten
sehr gedrohet, desswegen Ihr kaiserl. Majest. sich allbereit nach
Regenspurg retirirt. Der Bayrfürst aber hat viel seiner herum
im Winterquartier liegenden Völker zu sich beruft. Wir werden
noch hart mit starkem Nachtquartier, über diess auch mit unerträglichen Winterquartieren geplaget.

(De reliquis hujus anni actis nihil adnotatum.)

Forderung der Herausgabe der wichtigen Festung Hohentwiel erfüllt würde.
Warum Bozenhart aus diesem Jahre, in welchem häufige Durchzüge und Einquartierungen wohl nicht minder, als im vorigen, belästigten, ausser wenigen
ökonomischen Aufzeichnungen in Bezug auf den Krieg nicht mehr, als das hier
Gegebene, niederschrieb, ist nicht gesagt Der Annahme, dass welteres verloren
gegangen sei, widerspricht obige Schlussnotiz.

[1]) Diese Nachricht verursachte dem Schreiber und seinem Hause grund-
losen Schrecken und ist in ihrem Entstehen und Aufzeichnen um so seltsamer,
als in diesem ganzen Jahre der eigentliche Krieg von Böhmen ferne blieb und
dieses Land damals nur von den bösen Folgen der früheren Belästigung durch
ihn, besonders von Seuchen und Theuerung, zu leiden hatte.

Annus 1638. [1]

Den 11. Jan. hat das Moroische Regiment [2] zu Fuss auf der
Alb in unseren Flecken Quartier wollen machen, ist doch bald

[1] Kurfürst Maximilian von Bayern suchte, wie am Schlusse des vergangenen, so auch am Anfange dieses Jahres mit der ihm eigenen Energie
und in der bestimmten Voraussicht der in nächster Zeit am Rheine schwer
drohenden Gefahr sein in jeder Weise herabgekommenes Heer wieder in bessere
Verfassung zu bringen und mahnte den Kaiser und den König von Spanien
dringend, aber leider ohne den gewünschten Erfolg, zu gleichem Bemühen.
Von der Saumseligkeit der letztgenannten Fürsten wohl unterrichtet, brach
Herzog Bernhard von Weimar noch in voller Winterzeit am Anfange des Monats Februar aus seinem Quartiere in Hochburgund auf, zog durch den Kanton
Basel und belagerte die wichtige Stadt Rheinfelden am Rhein. Die eiligst
herbeigekommenen Kaiserlichen und Bayern unter dem k. Feldzeugmeister,
dem Herzoge von Savelli, und dem b. Feldmarschall-Lieutenant von Weert
trieben zwar Bernhard am 20. Febr. von der Stadt ab, doch erschien dieser
nach Aufnahme bedeutender Verstärkung bald wieder und schlug vor genanntem
Orte am 5. März die Verbündeten vollständig, wobei von Weert nach tapferster
Gegenwehr in feindliche Gefangenschaft gerieth, die er in Paris zubrachte.
Als nach der nun ohne grosse Anstrengung erreichten Eroberung von Rheinfelden der Herzog auch Breisach einschloss, um diesen wichtigen Posten und
Schlüssel zum schwäbischen Lande gleichfalls in seinen Besitz zu bringen,
kamen zum Zwecke des Entsatzes neue bayerische Regimenter unter Feldmarschall Grafen von Götz aus Westfalen, wurden aber in Verbindung mit den
Kaiserlichen unter dem Herzoge von Savelli am 9. August bei Wittenweyer
wieder entschieden geschlagen, so dass genannte Stadt nun rettungslos verloren
erschien und wirklich, aber erst nach achtmonatlicher Belagerung, nachdem
die letzte Ratte aufgezehrt war und schon menschliche Leichen als Speise
dienten, am 9. Dec. capitulirte. Für sein Land forderte der Kurfürst Maximilian
zu einiger Entschädigung für die grossen Opfer, die er zur Kriegsführung dieses
Jahres ihm aufzulegen sich genöthigt sah, vom Kaiser völlige Befreiung von
allen Winterquartieren und erlangte sie auch zum grössten Nachtheil des
schwäbischen Kreises, der zu den bereits daselbst liegenden Regimentern jetzt
auch noch die bayerischen unterhalten musste. Wohl flehten die Stände des
letzteren mit dem Hinweis auf ihr ohnediess schon grenzenloses Elend um
Widerruf der kaiserlichen Verfügung und forderte auch wirklich Ferdinand III.
den Kurfürsten zur Abberufung seiner Truppen auf, aber dieser bestand fest
auf der für diese Zeit ihm gegebenen Freiheit und so musste sich Schwaben,
fast verblutend, in's Unvermeidliche fügen. — Im Oktober dieses Jahres erhielt
endlich der Herzog Eberhard von Wirtemberg die kaiserliche Begnadigung und
Wiedereinsetzung in sein gänzlich verarmtes Erbe, deren volle Verwirklichung
freilich noch grossen Widerstand von Seite der mittlerweile vom Kaiser mit
einzelnen Theilen belehnten Personen zu überwinden hatte.

[2] Richtiger wohl das Monroische Regiment, das sich in früherer Zeit bis
zum Anfange d. J. 1633 in Augsburg aufgehalten hatte (v. Stetten, Geschichte
von Augsburg 1, 224).

andere Ordinanz kommen, dass sie wieder marchiren müssten.
Dieser Tagen ist Joann de Werth, [1] ein heroischer, eifriger,
christlicher Obrister nacher Ulm kommen, welchem die Thor bis
nach 8 Uhr zu Nacht sein offen gehalten worden. Daselbst hat
er 140 fl. verzehrt, welches die Ulmer Alles bezahlt, darzu noch
ein Gutschen mit 6 Pferd, etlichen Postillonen bis nacher Dillingen
begleiten lassen, welches er hoch und rühmlich auf- und, angenommen, auch die Begleiter reichlich remunerirt. In wehrender
Nachtmahlzeit sein allerhand Umtrunk herum gegangen. Endlich
ist auch ein Ulmisches junges Junkerle herfür gewischt und einen
Umtrunk wollen anfahen in Gesundheit aller derjenigen, welche
gut Schwedisch sein, und man soll wissen, dass er selbst auch
noch gut Schwedisch seie. Ihm ist aber dieser Trunk übel ge-
segnet worden, da Joann de Würth alsbald Befehl geben, dass
man ihn soll erschiessen, erstechen oder, auf was man wolle, ihn
sollte hinrichten. Weil aber die Ulmische Herren, so darbei
waren, so heftig für ihn baten, ist ihm das Leben auf diessmal
geschenkt, doch er alsbald in den Thurn gelegt worden bis zur
Wiederkunft Joann de Würth, welcher sein Reis auf diessmal
nacher Wien nimmt. Wie es ihm forthin ergehen wird, gibt
die Zeit. Eine grosse Summa Geld muss er täglich spendiren.
Die Wölf werden noch täglich gesehen, sowohl diess- als jenseits
der Thonau, werden nit gar fast mehr von denen Menschen ge-
fürcht, weil sie nit anfallen, noch sonderen Schaden thun. Den
30. Jan. hat sich das Ysilanische Regiment [2] allhier angemeldet,

---

[1] Johann von Weert hatte bei einem seiner wiederholten Stürme auf das
Herzogs Bernhard trefflich befestigtes Lager in der Nähe von Breisach am
Ende des Monats August d. J. 1637 aus der Pistole eines feindlichen Dragoners
eine Kugel in den Hals oder nach anderer und wahrscheinlicherer Nachricht
in den linken Backen erhalten, sich aber dadurch keineswegs an weiterer per-
sönlicher Betheiligung an den fortgesetzten, mit grenzenloser Erbitterung geführten Kämpfen um die herzoglichen Schanzwerke hindern lassen, obgleich
das Blei noch längere Zeit hindurch den Versuchen der Entfernung aus der
Wunde widerstand. Erst im December des genannten Jahres gedachte dieser
Tapferste des ganzen dreissigjährigen Krieges, nachdem er seine Regimenter
zur Ueberwinterung in den schwäbischen Kreis, für sich zum Hauptquartiere
Tübingen wählend, zurückgeführt hatte, der eigenen Heilung und begab sich
um solcher willen zu dem damals berühmten Arzte Marian in Augsburg. Ob
diese Reise zum Zwecke der vollen Genesung mit der oben angeführten, ohne
Zweifel politischen, deren Zweck Wien war, vereinigt wurde, konnte nicht
ermittelt werden.

[2] Vielleicht ist als der Inhaber dieses Regimentes der bekannte General
der Kroaten, Graf Hektor von Isolani, zu erkennen.

wie dass solches im Gottshaus, wie auch in all unseren Flecken
wolle Quartier machen, und ihre Ordre lautete, wie dass wir
2 Compagnien zu Pferd müssen Quartier geben, andere Gottshäuser aber vom Blaubeürer Thal und Oxenhauser Thal der Mehr-
theil nur 1 Compagnie müssen haben. Ist doch endlich dahin
getractirt worden, dass es bei 40 Pferden verblieben, welche in
unser Herrschaft ausgetheilt worden. Ach der grossen Beschwer-
nuss der armen Unterthanen und Bauren, welchen der blutige
Hunger ohne das bei den Augen heraus scheinet. In dem Gottshaus müssen wir 2 haben. Einem jeglichen Reiter ist täglich
gemacht 2 ℔ Fleisch, 3 ℔ Brod, 3 Mass Bier, 8 ℔ Haber (thut
2 Mezen), nachmalen, wann die Wochen aus ist, jeglichem 2 fl.
Kein Gemeind kann solches erschwingen, alle Bauren sein Vorhabens, zu entlaufen. Allen Ulmischen Unterthanen geschieht im
wenigisten nichts, wann sie auch sogar in unseren Flecken wohn-
haft sein. Pfui der Schand! O höllisch Geld, wie lang regierst
doch die Welt!

11. Febr. sein viel unsererer Soldaten abgefordert worden,
doch die Bagage noch hier geblieben, wollen den Sold haben,
als wann die Soldaten noch vorhanden wären. Desswegen die
arme Unterthanen sehr beängstiget worden, bevorab mit Erlegung
so viel unmöglicher Geldschatzung. Dem Wachtmeister, so zu
Thalfingen liegt, müssen wir wochentlich 7 fl. geben, nachmal
dem Obristen, welcher zu Blaubeüren liegt, monatlich 230 fl.
Dieser Zeit hat sich Herzog Bernard von Weynmar, ein Säxischer
Obrister, sehr in Schweiz gestärkt, auch allbereit ein ziemliche
Macht über den Rhein auf unsere Grenzen gebracht, ist doch
vom Joann de Wörth überrumpelt worden, der grosse Beuten
gemacht und ihm sein Bagage abgejagt. Indem sie sich mit der
Beut zuruck begeben, haben sie das Nachtquartier zu N. genommen, Herzog Bernard aber hatte 700 Reiter zur Hinterhut. Mit
solchen hat er dem Joann de Wörth nachgesetzt, solchen im
Nachtquartier überrumpelt, alles nieder gehaut, unter welchen
auch viel stattliche Officier geblieben und allen Raub wieder abgejagt. Ob Joann de Wörth geblieben, gefangen oder sich retirirt
habe, weisst man noch nit. [1] Desswegen wir abermal in höchster

---

[1] Unter den hier erzählten zwei Ueberfällen können trotz der von dem
wirklichen Sachverhalte so sehr verschiedenen Darstellung doch nur die beiden
heftigen Treffen bei Rheinfelden (29. Febr. u. 5. März) gemeint sein. Inter-
essant aber ist es, daraus zu ersehen, in welcher verstümmelten Form die
Schreckensbotschaft nach Elchingen gelangte.

Gefahr stehen, dann überwindt Herzog Bernard, so haben wir
Feind genug vor der Thür, die uns den Garaus machen. Zwar
auf allen Strassen werden die Armeen zusammen geführt, ihm
mit grosser Macht zu begegnen. Zu Donawörth liegen 700 Pferd,
wissen täglich nicht, wann sie herauf marchiren, desswegen Langenau und andere umliegende Flecken abermal ganz öd stehen,
dann sie einhellig nacher Ulm gezogen. Wir sitzen abermal wie
der Vogel auf dem Zweig, müssen allerdings die kaiserische Soldaten mehr fürchten, als die anderen, dann sie uns täglich allerdings mehr Plagen anthuen, in Bedenken, dass wir noch täglich
starke Quartier, über das starke Anlagen an Geld geben müssen.
Den 11. Mart. wird unserem gn. Herren von den älteren
Herren von Ulm ein Zettele geschrieben, wie dass die gesagte
Donawördische Pferd nachfolgende Nacht allhier und zu Thalfingen
ihr Quartier nehmen werden, dessen wir sehr erschrocken, auch
abermal fast Alles nach der Stadt Ulm geflehnet. Wie es weiter
gehen wird, gibt die Zeit. Den 12. Mart. haben die Weinmarische
und kaiserische Soldaten abermal einen Scharmützel gehalten,
aber die Kaiserische abermal unterlegen, [1] derohalben wir abermal in grosser Sorg stehen, wissen nit, wann man uns überfällt
und rein ausplündert, inmassen vor etlich Tagen dem Kloster
Herbrechtingen und Anhausen geschehen, dann die kaiserische
Soldaten sehr schwierig, bevorab weil sie kein Haupt mehr haben
noch erkennen wollen, seitemalen der Joann de Wörth zu Hohenwiel mit 3 anderen Obristen gefangen liegt. Den 20. Mart. hat
die Stadt Ulm allen dahin Geflüchteten mit Ross und Vieh aus-
bitten lassen. Wer sich über solches in der Stadt würd' aufhalten,
der würd' um 4 fl. gestraft. Eodem kommt Zeitung, wie das
Feindsvolk den Joann de Wörth mit sammt allen gefangenen
Officieren wollen mit 1000 Pferden dem Französischen König
präsentiren, solches aber die Croaten bei Zeit verkundschaftet,
sich in einen Flecken logirt, solche alsbald angegriffen, viele
deren erschlagen, die übrige gefangen genommen und also Joann
de Wörth mit allen Officieren auf freien Fuss gesetzt haben.
Die Christenheit ist vor 14 Tagen so traurig ab solcher Gefängnuss
nit (?) gewesen; viel fröhlicher ist sie anjetzo der Erledigung

---

[1] Von einem neuen am besagten Tage vorgefallenen Treffen weiss die
Geschichte nichts. Der Herzog von Weimar belagerte damals die Stadt Rheinfelden, wobei selbst von grösseren Ausfällen nichts berichtet wird, und nöthigte
sie am 22. März a. K. zur Uebergabe.

halber. [1]) Den 25. Mart. hat das Yselawisch Winterquartier einmal bei uns und unseren Unterthanen ein End genommen und
Alles mit Sack und Pack nacher Blaubeuren gemarchirt. Den
29. Mart. haben diese Reiter wieder allenthalben ihre Quartier
in unseren Flecken angetreten; Gott weiss, wie lang solche werden bleiben! Ziehen sie nit bald darvon, so müssen die Bauren
und wir mit einander stamppen. [2])

Den 1. April sein sie mit Sack und Pack hinweg gezogen,
doch haben wir noch auf den selbigen Tag 100 Thaler erstatten
müssen und alles an Gold. Haben müssen an einer Dukaten
15 pr. auf Wechsel geben. Noch nit gar waren solche hinweg,
kommen gegen Nacht 150 Mann Fussgänger hieher, begehrten
den March über die Donau nacher Memmingen. Weil aber die
Ulmer die Bruck zu Leipheim abgebrochen, wie auch all unsere
Schiff hinweg, konnten solche nit hinüber gebracht werden. Hat
viel Bier und Brod gekostet, alias bene contenti. Alsbald hat
man die Zillen von Thalfingen holen müssen, solche haben die
gesagte Soldaten die ganze Nacht verwacht, damit sie die Ulmische
nit auch holen. Sein desswegen morgen in aller Früh hinüber
geführt worden und nacher Memmingen ihren March genommen.
Den 3. April, war der heil. Samstag, hatten wir wollen auf das
Osterfest einkaufen lassen, dannoch nach vielem Anhalten, Hin-
und Widerschicken ist uns mehr nit als 1 ℔ Schmalz und 1 Mezen
Salz auf diessmal vergunnt worden, welches auch hieher nit anders
geliefert worden. Weiss nit, ob wir noch etwan müssen vergelten,
dass wir die Soldaten über die Donau geführt haben, nec ne?
Man sagt, man gehe Herzog Bernarden mit 3 kaiserischen Armeen
entgegen, Gott geb eine fröhliche Victori! dann viel wird daran
gelegen sein. Wir haben dieser Tagen (Mitte April) anfahn,
mit 2 Pflüg zu Acker gehen, aber weil Lärmen kommen, wie
dass Reiter zu Rammingen eingefallen, haben wir aberma. Ross
und Vieh nach der Stadt getrieben. Die Ross sein hinein kommen, weil man vermeint, es seien Ackerleut, in die Stadt gehörig,
das Vieh aber hat müssen 3 Tag in grosser Kält auf der Bleich

---

[1]) Das war bekanntlich ein falsches Gerücht, da Johann von Weert, so
lange Zeit der Schrecken der Franzosen, zur Befriedigung der Neugierde derselben auf Befehl des Kardinals Richelieu, von 800 Reitern eskortirt, nach Paris
gebracht und dort bis zur Auswechslung gegen den in der Schlacht bei Nördlingen gefangenen und in Burghausen an der Salzach verwahrten schwedischen
Marschall Horn i. J. 1642 in ehrenvoller Haft gehalten wurde.

[2]) stampen = laufen.

bleiben, hat nach vielem und langem Anhalten nit kinden hinein
gebracht werden. Endlich haben wir solches über die Donau
geschwemmt. Den 8. April ist unser gn. Herr gen Leibi gewichen, weil er nit wohl auf und in der Noth nit hätt' können
hinweg gebracht werden, und in Christa Schifelins Haus sein
Quartier gemacht. Etliche Nächt sein wir gar nit niedergangen
oder in den Kleidern gelegen, dieweil wir stündlich nit gewüsst,
wann man uns werde überfallen und ausplündern, wie dann die
gemeine Sag täglich gelautet. Den 9. April morgens um 1 Uhr
hat man sehen ein Licht in einer Laternen von Langenau gegen
uns herauf ziehen; haben nit anders vermeint, es werde uns an
die Riemen gehen, desswegen allenthalben ein grosser Lärm und
Schrecken unter uns worden. Doch hat solches Licht die Reis
nacher Ulm genommen, dessen wir sehr froh worden. Abermal
hat man uns von Ulm nur 1 ℔ Schmalz und 1 Mezen Salz heraus
gelassen. Den 18. April sein 5 Reiter um 7 Uhr zu Nacht für
das Thor kommen, haben sich mit Bier und Brod abferten lassen.
Eodem die zwischen 12 und 1 Uhr ist von vielen ein wunder-
liches Getös und Braschlen gehört worden, als hätte man 10
Wägen mit dürren Wachholderstauden angezündt oder ein Kübel
mit Wasser in ein heisses Schmalz geschütt, hat nahe bei einer
Viertlstund gewähret. Wiewohl man nirgend einigen Wind ge-
spüret, hats doch die Spänn von dem Boden in die Höhe getrieben.
Hat allerdings einem Erdbidem gleich gesehen.

Den 19. April sein abermal 11 Reiter für das Thor kommen
morgens um 8 Uhr. Indem man ihnen das Brod und Bier beim
Thorthürle hinaus geben, haben sie durch solches herein gedrungen
mit sammt denen Pferden, alsbald den Ställen zugeritten, Ross
und Vieh in solchen gesucht, aber, weil sie im wenigisten nichts
gefunden, haben sie die Kuchen- und Keller- wie auch Speicher-
thüren aufgemacht, genommen, was sie haben können hinweg
bringen. Den meisten Schaden haben sie in dem Haber gethan ;
sein über 1 Stund nit herinnen geblieben, haben doch ein grossen
Schrecken, Forcht und Geläuf gemacht. Wiewohl ich selbs persönlich allerdings bis zum unteren Thor entgegen gangen, sie
gebeten, sie sollen nit Gewalt anlegen, ich wolle ihnen Alles geben,
was sie begehrten, hat doch solches freundlich Anerbieten weder
Statt noch Plaz bei ihnen gefunden. Indem ich lang mit ihnen gemacht, sed frustra, hab ich mich auch auf den Thurn retiriret, das
End daselbst erwartet. Weil bei Haydenheim ettliche Regimenter
sollen aufbrechen und nacher Hayllbrunn ziehen, möcht' es grössere

Stöss allhie setzen, wesswegen wir in steter Wacht stehen müssen.
Haben denselben Tag fast all unsere Früchten an die Thonau
gebracht und, weil kein Ross vorhanden, haben die Tagwerker
und alles, was hat können schaffen, auf den Karren solche hinaus-
geschleift und dann nacher Leybi zu unserem gn. Herren, welcher
noch allerkrank daselbst Exul ist, geflehnet. Weil man auf unsere
Aecker nit darf säen wegen Unsicherheit, so haben die Leut
Geschöff und Geschirr, wie auch alle Pflüg den 19. April an die
Thonau gezogen, unsere Ross aus der Stadt nacher Leybi abholen
lassen, anfahen, daselbst die Felder zu säen, welche uns heimge-
fallen sein. Alle Victualien hab ich aus unserem Keller und
Kuchen dahin geliefert.

Den 21. April um 12 Uhr in der Nacht seind abermal 11
Reiter für unser Thor kommen, haben Proviant begehrt. Indem
wir aber ihrem Gedunken nach gar zu lang ausgeblieben und
allbereit mit Bier und Brod gegen der Binderhütten hinab gelofen,
sein sie beim oberen Thor über die Maur gestiegen, das Thor
mit Gewalt eröffnet und anfahen, allenthalben herum strielen, und
abermal alle Thüren, wie auch die Abtei geöffnet und durchstriehlt:
in Summa, sie haben abermal ein gute Beut hinweg gebracht und
bei 11 Pferd wohl geladen. Wir haben uns abermal müssen auf
die Flucht geben und bei 3 Stunden in denen Winklen stecken.
Den 22. April Nachmittag um 1 Uhr ist uns ein Corporal vom
Obristen Meischheim für ein Salvaguardia geschickt worden.
Wir haben dieser Tagen nichts zu nagen und nichts zu beissen
gehabt. Doch hat Gott unser nit gar vergessen, hat uns 4 junge
Fährlen [1]) geschickt, welche sich in der ersten Flucht versteckt;
diese haben wir nach und nach mit einander verzehrt. Nit viel
schmalzige Augen haben wir dieser Tagen auf den Suppen gesehen, dann das Schmalz sauber hinweg genommen worden, haben
auch das U pr. 4 Bazen bezahlen müssen und doch schwerlich
bekommen können. Den 30. April sein abermal bei 16 Reiter
vom Obristen Meiser [2]) von Haydenheim hieher kommen, bei 10
Säck mit Haber, 1 Fass Bier, 1½ Eimer Wein, 1 Ochsen etc.
von uns begehrt. Wir haben ihnen 6 Säck mit Haber, ein halb
Fässle Bier, bei 70 Mass Wein geschickt. Die gesagte Reiter
haben grossen Schaden gethan durch diese Nacht, sowohl im

---

[1]) Fährlen = Ferklein, Ferkel.

[2]) Vielleicht der in dem Treffen bei Wittenweiher am 9. August dieses
Jahres gefallene Oberst Meusel.

Futter, als im Wein. Unser Salvaguardi hat nit viel darzu sagen dörfen, weil der mehrer Theil seine Kameraden gewesen. Nach deren Abzug hat sich unser Salvaguardi allerdings mausig zu erzeigen angefangen, dieweil er nit nacher Leyben zu unserem gnäd. Herrn hat können kommen, dann er solchen ganz nit wollen für sich lassen. Haben wir wollen sein Huld behalten, haben wir ihm ein Pferd, 40 fl. werth, müssen verehren, anderst hätten wir abermal nit zu Haus zu bleiben gehabt. Nach solcher Verehrung ist er etwas milder worden, hab oft wöllen mit ihm pactiren, hat aber nit gewollt, doch bei anderen ausgeben, wie dass wir ihm täglich 3 fl. geben müssen und solches nur aus Genaden.

Den 2. May ist gesagter Salvaguardi bono contentu nach seiner Trupp gereist, welche das Quartier zu Eybach[1]) nemmen solle und der Rendezvous bei Kircheim unter Teckh[2]) gehalten werden, dahin dann sich alle Soldaten haufenweise begeben. O dass sie nit mehr kämen! Wir haben dieser Tagen Ross und Vieh von Ulm heraus geholt, haben abermal wollen anfahen zu hausen, aber den 6. May haben sich etliche Junkerlen von Ulm bei Baimerstött[3]) und selbigen Flecken sehen lassen, dem Geflügel nachjagend, über welche man fast in allen Flecken Sturm geschlagen, dann man vermeint, es wären Soldaten, desswegen allenthalben· ein eilendes Fliehen gewesen. Ross und Vieh haben wir in grosser Eil über die Thonau geschwemmt und abermal nach der Stadt geführt. Gott vergelt diesen muthwilligen Buben ihren blinden und bübischen Lärmen! Den 8. May haben die Ulmische etliche Soldaten über die Thonau geführt, welche nacher Burgau begehrt, desswegen zu Leybi und in der ganzen Pfarr ein grosser Tumult entstanden und unser gn. Herr gezwungen worden, sein grosse Krankheit auf die Seite zu setzen und sich in grosser Eil hieher zu begeben. Kaum ist er in die Abtei gebracht worden, ist ein General-Quartiermeister von Ulm hieher gewiesen worden, sein Quartier mit 50 Pferden zu nehmen, da doch ihr Ordre nach ihrer selbst Aussag nacher Langenau gelautet. Haben doch ziemlich gut Regiment gehalten. Den 10. May morgen um 7 Uhr kommt aber ein Lieutenant hieher von dem Mayschen Regiment, begehrend ein Quartier für 18 fussgehende Reiter, welche noch müssen gemontirt werden, für jeden täglich 2 ℔ Brod, 1 ℔ Fleisch,

●

---

1) Eybach, O.-A. Geislingen.
2) Kirchheim unter Teck, O.-A. Kirchheim.
3) Balmerstetten, O.-A. Ulm.

•

2 Mass Bier und dann jedem wochentlich 1 fl. Den 15. May um Mittag mussten wir sehen 4 Reiter das Thal ausrauben und uns 8 Mittl Roggen aus der Mühl nehmen. Wir haben noch einen Salvaguardi, müssen wochentlich 30 fl. geben, wird vielleicht licentirt werden. [1] Den 30. May sein die Yselauische, welche wir vor 4 Wochen im Winterquartier gehabt und viel Geld gekostet, wieder hieher kommen, das ausständige Geld bis auf den letzten May herauszupressen, auch die abwesende Zeit, welche bei 4 Wochen sich thut erstrecken.

Nach Haylbronn zu der Generalität haben wir (im Juni) einen Boten abgefertigt, dass man uns der Soldaten einist möchte erledigen. 7 fl. hat man dem Boten geben. Dieser Tagen bin ich 2 mal in der Stadt Ulm gewesen, hab allwegen bei 1 Stund lang bei dem Thor müssen warten, bis man mich beim Burgermeister und Kriegsherrn angezeigt. Starke Inquisitionen werden bei allen Thoren gehalten.

Man sagt dieser Tagen (Anfang Juli) stark vom Untergang etlicher Städt, unter welchen auch die Stadt Ulm soll begriffen sein. Das perficere ist auf den 22. Juli determinirt worden. Den Propheten halt man zu Venedig in Verhaft, bis man sieht, wie oder wann? Man ist zu Ulm und in dieser Gegend desswegen kleinlaut, viel Beten und Kirchengehen wird gesehen. Man sagt, es haben etliche Burger und Kaufherren ihre Kleinodien zusammen gepackt und nach der Stadt Memmingen wollen flehnen, sei aber unterwegen von Soldaten aufgefangen worden. Den 12. July haben sich die Pappenheimische allhier impatronirt und 30 fussgehende Soldaten Quartier in unserem Flecken gemacht. Den Obrist-Lieutenant haben wir im Gottshaus behalten, will doch mit unserer Tafel nit zufrieden sein. [2]

[1] Vor der gewöhnlichen Zeit durch jahrelanges, unsägliches Leiden gebrochen, erlag am 25. Mai das Leben des Abtes Johann Spegelin, wodurch die Konventualen, mit denen er standhaft die bitterste Noth ertragen hatte, in aufrichtige Trauer versetzt wurden. Eiligst schickten sie diese Kundschaft und Aufforderung zur unversäumten Rückkehr an ihre wegen des häuslichen Elends nach Seitenstetten in Oesterreich und nach Niederaltaich in Bayern abgegangenen drei Mitbrüder zum Zwecke neuer Wahl, damit dem Hause in der bösen Zeit nicht lange der so nöthige Vorstand fehle. Am 14. Mai kam zuerst P. Widemann von seiner Pfarrei Mambra im Schweizerlande zur Wahl nach Hause, zog aber, weil die anderen, in die Fremde gezogenen Mitbrüder noch immer nicht erschienen und er nicht länger von seinen Geschäften ferne sein konnte schon am 19. wieder hinweg.

[2] Weil es in dieser Zeit so übel mit den Soldaten herging, so wählten die Konventualen (wie viele? ist nicht gesagt) ohne die vorgeschriebenen

Den 25. Augusti sein unsere und andere Soldaten, bei 3
Regiment, morgens früh von Langenau aus nacher Geysslingen
marchirt. Indem sie ein Stund zwo gemarchirt, kommt die Ordre,
dass sie sollen in ihrem Quartier bleiben, bis sie weiter Ordre
thäten kriegen. Desswegen über gesagtes Volk noch ein Fahnen
bei 60 Mann gequartirt worden in unseren Flecken, auf der Alb
und allhie, darzu haben wir das Kloster noch voller Soldaten. [1]
Dieser Tagen (nach Mitte August) haben die Unsere mit dem
Feind Herzog Bernarden geschlagen, auf beider Seiten viel geblieben, doch hat der Feind endlich all der Unserigen Proviant
wie auch alle Stuck erobert, weil die Unserige Mangel an Pferd
hatten, solche fortzubringen. Den 22. Aug. sein sowohl unsere
als Langenauische Soldaten nacher Geysslingen, von dannen nach
dem Feind marchirt. Indem aber unser Hauptmann Gordon abends
zuvor quittirt, sein Neüneggische [2] Quartiermeister vor dem Thor
gewest, Quartier für 800 Reiter begehrt, desswegen unser P.
Benedict morgens frühe mit unserem Secretario nach dem Kloster
Urspring gereist, daselbst 6 Herrschaften die gesagte Soldaten
sollen in Quartier nehmen. Wir haben folgende Nacht sollen
rein ausgeplündert werden, wann sie nit durch grosses Anhalten
2 Salvaguardi hieher von gesagtem Volk gebracht hätten. Unsere

Förmlichkeiten einen neuen Abt in der Person des P. Johann Fidelis und
schickten ihn mit einem aus ihnen sogleich zum Zwecke der Bestätigung zum
Generalvikar Zeiler nach Augsburg. Weil aber letzterer es für besser ansah,
dass die Wahl regelmässig, canonice et autoritative, stattfinde, so kam er selbst
mit den vor ihm Erschienenen und einem Siegler nach Elchingen, wo sodann
die neue Wahl unter Beachtung aller Vorschriften stattfand und wieder auf
den Erstbestimmten fiel. „Hat Electus noster Rdus 20 fl. an Paarschaft gefunden, glaube ich nit. Hergegen aber eine grosse Summ an Schulden und
Soldaten in allen unseren Flecken und auch allhier."

[1] Von inneren Geschäften berichtet Bozenhart aus dieser Zeit: „Dieser
Tagen ist unser neuerwählte gn. Herr sehr übel auf gewesen, hat auch den
Doctor Boxbart consulirt. Weilen er aber auch einen Respect gegen dem
Doctor Riber, welchen wir bisher gebraucht, getragen, hat er sich dieser Sachen
halber nit allerdings resolvirt, sondern dem Doctor Riber sich submittirt. Hat
doch gerathen, mein gn. Herr solle sich des Weins enthalten und noch heut,
den '16. Aug., auf der rechten Hand die Medianader schlagen lassen. Den
18. Aug. ist Dr. Boxbart das erste mal allhier bei unserem gn. Herrn gewest,
solche Krankheit auf gute Mittel gebracht, auch mit gutem Contento von hinnen
nacher Ulm gezogen. Ist ein junger Herr, doch wohl erfahren."

[2] Dieses Regiment bestand aus Arkebusieren zu Pferde, welche einen
am Bandelier hängenden Karabiner als Hauptwaffe führten. Sein Oberst Neunegg
oder Neuneck wurde nach Theatr. Europ. 3, 916 in der Schlacht bei Rheinfelden
am 3. März dieses Jahres gefangen.

Contribution lauft wochentlich 96 fl. Der eine Salvaguardi begehrt über Futter und Mahl täglich an Geld 1 Ducaten, der ander 1 Thaler, für 2 Ross alle Tag 3 Mittl Haber. Geht noch lausig daher! Den 29. Aug. hat das Weyerische Regiment das Neüneggische aus allen Quartieren, wie auch allhier hinweg getrieben. Ihnen hat man müssen innerhalb 3 oder 4 Tagen 100 Thaler allhier im Gotteshaus erlegen, wie auch ein Pferd verehren. Ob es werde bei dieser Anlag bleiben, oder sich weiter extendiren, gibts die Zeit. Es ist noch mehr an dem, dass alle unsere Unterthanen von Haus wollen wegen der unerträglichen Anlagen. Dem allhier bleibenden Salvaguardi von gesagtem Regiment muss man täglich 1 fl. 30 kr. geben. Ein Corporal ist hieher von denen Weyherischen für ein Salvaguardi gelegt worden, haben wochentlich 100 Thaler erlegen müssen. Solches ist 3 mal geschehen. Muss solches auch das vierte mal geschehen, so laufen alle Unterthanen von Haus und Hof, in Bedenken, dass fast alle Unterthanen über gesagte unerschwingliche Anlag fast täglich die Soldaten müssen zu Haus haben, ihnen Essen und Trinken nach ihrem Begehren geben.

Den 18. Sept. gegen Abend ist des Obrist-Wachtmeisters Frau mit etlichem anderem Frauenzimmer hieher in's Gottshaus kommen und mit einem Cornet Reiter, deren 25 plus minus gewesen, mit Gewalt hier eingedrungen. Sie und der Cornet, wie auch 17 Pferd haben im Gottshaus logirt, die andere in andere unsere Flecken gelegt worden, sein doch mit schlechter Tractation ziemlich wohl zufrieden gewest. Den 20. Sept. Nachmittag nach 1 Uhr haben sie ihren March nacher Asch[1]) genommen. Den 21. haben sie sich wieder gekehrt und Quartier zu Thomertingen genommen. Den 23. Sept. Nachmittag kommt Hieronymus Schad, Geschlechter von Ulm, mit einem Diener und etlichen Hunden in's Gottshaus, trifft unseren gn. Herrn und Grosskeller eben unter dem oberen Thor an, redet solche alsbald ganz trutzig der Bezahlung halber an. Nach vielen trutzigen Reden und Antastungen hat unser neu angehender gn. Herr ihn aus Unmöglichkeit wegen der Soldaten wie auch schweren täglichen Anlagen mit guten und sanften Worten um Geduld gebeten; aber je länger er ist gebeten worden, je trutziger ist er worden, ja endlich auch so weit kommen, dass er anfahen, nach den Pistolen zu greifen. Man bittet ihn, solches müssig zu stehen, hilft aber auch solches

---

1) Asch, O.-A. Blaubeuren.

Bitten schlecht. Wird endlich so erzürnet, dass er ein Pistol in die Hand nimmt, zieht den Hahnen herüber. Wäre unser gn. Herr unterdessen nit entlofen, weiss nit, wie es möchte gangen sein. Indem er sich also allein befindt, schreit er überlaut aller zornig heraus: ihr seid alle Schelmen und Dieb, wann ihr mich nit noch heut oder morgen bezahlet! Reitet also totus furibundus wieder nach der Stadt. Auf solchen Schrecken hat sich unser gn. Herr morgenden Tag müssen zu Bett legen. Man wird sich bei dem ehrsamen Rath dessen beklagen. Was heraus wird kommen, gibt die Zeit.

Den 4. Oct. sein die Weyerische Soldaten marchirt. Wir haben ihnen, wie auch die Unterthanen bei 100 Thaler wochentlich müssen spendiren, haben in 3 oder 4 Wochen über 3000 fl. gekostet. Indem sie haben wollen marchiren, haben wir ihnen über Nacht 80 Thaler müssen spendiren. Indem sich solches ein wenig verlängert, ist alsbald Befehl gangen, man sollte ein Compagnie hieher abholen, welche solches Geld sollte heraus pressen oder uns gar plündern. Ist doch mit Erlegung solches Geldes dieser Tumult gestillt worden. Den anderen Tag darauf sein über 1000 zu Pferd und Fuss zu Stotzingen ankommen. Alsbald sein die Ulmische abermal vorhanden gewesen, haben den March abermal wöllen auf das Gotthaus und dessen Unterthanen dirigiren; hat doch solches der liebe Herr Pfarrer daselbst abwendig gemacht und solchen auf Weydenstötten zu den nächsten Weg gewiesen. Desswegen der gute Obriste N. sehr erzürnt der falschen Angab unsers Gotthaus halber; ist selben Tag noch mit Gewalt und grosser Furie zu Geysslingen eingefallen und ein grossen Schaden sowohl denen Inwohnern als der Stadt Ulm gethan. O dass solche heroische Obristen längsten wären vorhanden gewest, es wurde gewisslich besser und leidenlicher mit uns, aber schärfer mit den Ulmischen und bösen Nachbarn daher gangen sein!

Bis auf den 6. Dec. haben wir allerdings Ruhe gehabt wegen der Soldaten. Haben doch ein ziemlichen Anlauf von denen Benachbarten erlitten, vom Junker von Leipheim, Stadt Ulm, deutschen Herren, bevorab vom Hofmeister von Söfflingen, indem sie samentlich wollen, dass ihre in unserer Herrschaft wohnende Unterthanen sollten Trieb und Trab und alle Gemeinds-Gerechtigkeit geniessen, an Soldaten-Anlagen aber im wenigisten nichts geben. Gibt derowegen schlechte nachbarliche Wechselschreiben gegen einander. Ist dergleichen wohl in Friedenszeiten auch

geschehen, aber nichts effective manutenirt worden. Welche Katz
den Käs fressen wird, dabit tempus. Den 7. Dec. haben 15
Yselawische Soldaten ihr Winterquartier in unserer Herrschaft
gesucht, sein in die Flecken nach Möglichkeit ausgetheilt worden.
Ueber 3 oder 4 Tag hernacher hat Herr Fugger von Weissenhorn
über 30 Soldaten in die Pfarr geschickt, daselbsten 5 oder 6
einzuquartieren. Weilen aber solches auch vor 8 oder 9 Jahren
geschehen und tentirt, doch ihm im wenigsten nichts zugestanden
worden, ist dieser Fuggerische unbefugte Prozess unserem gn.
Herrn schwer gefallen, desswegen den 11. Dec. sich persönlich
aufgemacht und sich nacher Weissenhorn zum Fugger begeben.
Ist aber, weilen es grimm kalt und er aus Armuth schlecht be-
kleidt, aller krank denselbigen Tag hieher kommen. Was er
verrricht, gibt die Zeit. Allerdings bei Strass ist ein greulicher
Wolf zu ihm kommen; wie fest sie geritten, ist der Wolf ihnen
nach gelofen. Als aber der Postillon das Posthorn geblasen, hat
er sie sitzend verlassen. 5 Soldaten hatte der Fugger in die
Pfarr gelegt; nach angehender Klag hat er die 2 abgefordert,
die 3 aber aus trutzendem Muth daselbst verbleiben lassen. Den
11. Dec. hat zu Ulm der Kreistag den Anfang genommen, unter
anderen hat man dem Kaiser auf diesem Tag 400 fl. in die
Kassen, den Krieg darmit fortzusetzen, verwilliget. Unser gn.
Herr ist den 19. auch hinein gereist, mit etlichen Gesandten
sich zu besprechen, hat unter anderen den deutschen Herren mit
dem Originalcontract ganz gestillt und allerdings stumm gemacht.
Dieser Tagen hat man den General Götzen mit einer starken
Convoy fürüber in Verhaft geführt, weil er mit dem Herzog
Bernarden correspondirt und ihm manchen Sieg in die Hand ge-
geben. [1]) Dürfte ihm der Kopf zwischen die Füss gegeben werden,

---

1) Weil es dem bayerischen Feldmarschall Johann Grafen von Götz nicht
gelungen war, mit seinen ausgehungerten Truppen die Festung Breisach zu
entsetzen, so erhoben die Wiener Kriegsräthe gegen ihn die schwere Anklage
eines geheimen, verrätherischen Einverständnisses mit dem Herzoge Bernhard
von Weimar, wodurch sie die Schuld dieses unersetzlichen Verlustes, die theilweise auf ihnen wegen Verwendung der Kriegsgelder zu anderen Vortheilen
lastete, von sich abzuwälzen suchten. Kurfürst Maximilian, der in der Ver-
weigerung des Grafen, zu persönlichem Berichte über den Verlauf der Belagerung in München zu erscheinen, eine Begründung der Klage sah, schickte einen
kaiserlichen und bayerischen Kommissär an den Rhein, welche diesen fest-
nahmen und in Begleitung von 300 Soldaten nach Ingolstadt führten. Als aber
eine zweijährige Untersuchung, während welcher aus vielen Städten, so aus
Augsburg, neue Klagen über Raub und Beschädigung der Kaufmannsgüter
durch Götzische Truppen einliefen, keinen Grund und Halt der schweren Be-

und alsdann laufen lassen. Zu Ulm gelten dieser Zeit 3 Eier
2 Bazen. Den 22. Dec. ist der Kreistag geendiget worden.
Sowohl die kaiserische als Schwedische Soldaten ziehen von
Breysach nach dem Winterquartier, desswegen alle Strassen un-
sicher. Die Unsere stehen in grosser Furcht; ziehen sie in die
Stadt, müssen sie darinnen den halben Theil allerdings dahinten
lassen, dann sie für jedes Pferd, Kuh etc. müssen 10 kr. geben,
für eine Gais 5 kr., so viel Imi Frucht, so viel 8 kr., so viel
Personen, so viel 3 kr. Den 30. Dec. sein morgens um 8 Uhr
hier durchmarchirt nacher Langenau 2 Quartiermeister, daselbst
Quartier zu machen für das Gelische und Kolbische Regiment.
Diese haben alsbald zu Thalfingen 10 Ross mit sich genommen.
Diesen sein alsbald auf dem Fuss die 2 gesagte Regimenter, so-
wohl auf Göttinger, als unserer Strass nachgefolgt. Sollt einer
nur gern diesen Gewalt Volk beisammen gesehen haben, welcher
March 2 Tag an einander gewehret. Als der Obriste Gelis und
Obriste Kolb allerdings bei Langenau waren, haben sie zuruck
2 Salvaguardien hieher in's Gottshaus geschickt.

Annus 1639. [1]

Den 1. Jan. ist unser gn. Herr selbst persönlich nacher
Langenau zu den 2 gesagten Obristen gezogen, gute Audienz

schuldigung entdecken konnte, sondern nur den Mangel einer entschiedenen gemeinsamen Operation mit dem Herzoge von Lothringen aus Eifersucht tadelns-
werth fand, wurde der Graf, dem man unerbittlich das Wiedersehen seiner
treuen Gemahlin, ja selbst briefliche Tröstung derselben verweigert hatte, der
Haft entlassen, trat in österreichische Dienste und starb, von einer Falkonet-
kugel getroffen, am 5. März 1645 in der Schlacht bei Jankau in Böhmen, in
welcher er mit der Führung des linken kaiserlichen Flügels betraut worden war.

[1]) In dem grössten Theile dieses Jahres hatte die bayerische Armee,
welche jetzt unter dem Kommando des Feldzeugmeisters Franz Freiherrn von
Mercy stand, den schwäbischen Kreis gegen Westen zu schützen und von
diesem aus gegen Bernhard von Weimar zu operiren, während die kaiserliche
mit Anstrengung aller Kräfte, so dass im August noch Nachzug aus Schwaben
erfordert wurde, gegen die Schweden unter Feldmarschall Baner kämpfte. Der
Jahresschluss fand die kaiserliche Sache im bedeutenden Vortheile, indem die
Bayern gegen die Franzosen, welche nach Herzog Bernhards Tode am 18. Juli
dessen Eroberungen zugleich mit dem Uebertritte seiner Armee gewonnen hatten, am Rheine feste Stellung innehatten und die Schweden sich zu nördlichem
Zurückweichen genöthigt sahen. Daraus, dass Schwaben, wie gesagt, in diesem
Jahre grösstentheils die Basis der bayerischen Kriegsführung bildete, erklärt
sich der gegen frühere Zeit fast noch gemehrte Druck durch fortdauernde Einquartierungen und Durchzüge, von welchem das Tagebuch berichtet.

bei ihnen gehabt, auch bei ihnen zu Nacht gespeist, doch nit
mehr als 6 Ross, gen Thalfingen gehörig, darvon bringen können.
Haben gleichwohl die übrigen auch zu lieferen versprochen, wird
aber schwerlich geschehen. Den 2. Jan. sein sie morgens um
8 Uhr zu Langenau aufgebrochen, wie auch die 2 hier liegende
Salvaguardien; man hat ihnen 6 Thaler gegeben, sein wohl zufrieden gewest. Liegen noch Grisonische und Diboische Salvaguardi hier. Die Dipoische halten das Quartier rein, dann man
allbereit zu Kauffbeyren beisammen, wie auch unser Secretarius
daselbsten, solches Regiment in unterschiedliche Herrschaften
auszutheilen. Herzog Bernard hat dieser Tagen Breysach eingenommen. Der Obriste von Liebenstein ist den 5. Jan. zu Alböckh
und der Orten mit seinem starken Regiment aufgebrochen, nachdem er daselbst ein Tag 4 dasselbige Quartier manutenirt; hat
uns im wenigisten nit belästiget. Gott gebe weiter Gnad!
Dieser Tagen hat man das Dipoische Regiment in die Winterquartier ausgetheilt, hat uns auch eine Compagnie getroffen,
denen man wochentlich 170 fl. muss geben. Den 25. Jan. ist
unser gn. Herr nacher Kauffbeüren zu dem Obristen Dipoi gezogen wegen Unmöglichkeit der Quartier, bevorab der Fuggerischen, welche 9 Soldaten in die Pfarr propria auctoritate einquartirt haben; wollen juridicum processum nit erwarten. Zu
Ulm, so viel ℔ Fleisch verkauft wird, so viel 2 dl. kommen der
Herrschaft zu, so viel der Wirth Gulden löset, so viel Halbbazen
der Herrschaft. Werden auch einmal genug kriegen![1]

Den 2. Febr. ist unser gn. Herr nacher Kauffbeüren selb dritt
verreist, dann dahin alle Prälaten, welche in diesem Kreis begriffen sein, wie auch alle hohe Officier des Dipoischen Regiments
beschrieben auf den 3. Febr., daselbst ein jeder seine Unmöglichkeit der Quartier halber fürzubringen. Hat so viel ausgericht,
dass die Fuggerische Soldaten stampfen sollen aus dem Quartier
in der Pfarr. Wie auch das Gottshaus Kaisersheim ein 4tel

---

[1] Dieser Zeit hatte das Kloster doch wieder nicht unbedeutenden Vorrath
an Getreide, wie sich aus folgender Notiz Bozenharts, als damaligen Verwalters
des Kornmeisteramtes, ergibt: „Den 24. Jan. hab ich die Früchten in unserem
Ulmischen Hof umgeschlagen und 673 Imi in allen Früchten gefunden. So viel
dieser Tagen unser Zehrung thut anlangen, so hab ich in allem gehabt 3 Mass
Wein, um 3 kr. Brod. Die Schaffende (Dienstleute?) aber 24 Mass Bier, 8 ℔
Fleisch." Bozenhart betheiligte sich persönlich beim Verkauf des in Ulm be-
findlichen Getreides laut einer späteren Notiz: „Ich habe diese 2 verschiedene
Samstag (im März) Kern unter dem Korphaus feil gehabt. Haben viel alte
Weiber kauft, nur damit sie einen Pfaffen sehen."

unserer Compagnie soll helfen tragen. Den 9. ist er glücklich wieder hier angelangt. Wir haben ihm zur fröhlichen Ankunft nichts weiters präsentiren können, als eine gute Büschel Brief der Schulden, welche sich dieser Zeit hier haben angemeldt.

Vor einem Jahr 2 circiter haben die Ulmische zu Langenau, wie oben gemeldt, den von den Soldaten abgedeckten Thurm wieder mit gewichstem Tuch oder Zwilch decken lassen, hat aber nit länger, als auf diese Zeit gewehret. Diesen vergangenen Sommer ist er wieder mit grossen Unkosten renovirt worden. Die Nägel haben nach und nach das gewichste Tuch aufgefressen etc. Wiz. [1]) Dieser Tagen ist Graf von Pappenheim selb dritt in das Gottshaus kommen und hier sein Nachtquartier gehabt und hernach nacher Lauingen in sein deputirtes Quartier gezogen, dem nach und nach bis auf den 18. Febr. seine Bagage von Biberach gefolgt, doch ohne einzigen unseren Schaden. Den 4. Theil unserer Soldaten muss Kaisersheim halten. Die Fuggerische Soldaten sein von Strass und anderen unseren Flecken dieser Tagen abgefordert worden. Gibt dannoch allzeit zwispännige Wechselschreiben. So ein Fremder in der Stadt Ulm über Nacht liegt, muss er einen halben Bazen geben, toties quoties. Der eine Kreuzer kommt dem Beherberger, der ander der Herrschaft. Pfui der Schinderei! Das Fleisch können die Ulmische Mezger nit wohlfeil geben, dieweil sie der Herrschaft von jedem Ochsen, so in die Stadt getrieben wird, 4 fl. geben müssen. Die Handwerksleut, Schuhmacher etc. von jedem fl., so sie lösen, 2 dl. Sonsten sein die Soldaten sowohl hier als anderswo noch in ihrem Sommerquartier. [2]) Wiewohl sie gut gegen andere sein, wollt man doch, dass sie wären, wo der Pfeffer wachst.

Den 27. April haben die Soldaten zu Thalfingen im Wirthshaus einander gestochen, desswegen 2 Soldaten in unseren Thurn wegen gewisser Sicherheit des Ausreissens gesperrt worden. 6 Tag haben sie müssen in Wasser und Brod darinnen verharren, nachmal erst[1] werden sie daheim geprügelt. Wäre unser gn. Herr anheims gewest, hätte er solches wegen der Freiheit nit zugelassen.

Den 12. Mai sein 2 Dornstattische Wägen nacher Schnaitten, [3]) unsere Wein abzuholen, abgefertigt worden, mit welchen unser

---

[1]) Scheint Beisatz des Kopisten zu sein.
[2]) Soll ohne Zweifel heissen: „Winterquartier.“
[3]) Schnaith, O.-A. Schorndorf.

H. Keller gereist. Im Herauffahren aber hat man Ross uud
Wagen mit sammt dem Wein zu Göppingen in Verhaft genommen
wegen des Zolles, ohne Bedenken, dass wir je und allwegen von
solchem frei gewesen. Weil aber der Leopoldischen Wittib in
Tyrol diess und etlich andere Württenbergische Güter von Ihre
kaiserischen Mayest. sein eingehändiget und verehrt worden, [1)]
haben die daselbstigen Beamten und Zoller vermeint, befugt zu
sein, den Zoll zu fordern. Solches als unser gn. Herr erfahren,
ist er alsbald per posta nacher Göppingen persönlich geritten,
die Sach so glücklich ausgericht, dass alsbald sammt gutem Bescheid auch die 2 gesagte Wägen sein abgefolgt worden ohne
einigen Zoll. Sein also den 20. May glücklich hier angelangt.
Wer den aufgelofenen Schaden wird tragen müssen? Halt wohl,
wer solchen unrechtmässiger Weis causirt. Den 18., 19. 20. May
sein alle Flecken jenerhalb der Donau mit Liebensteinischen Soldaten belegt worden, von Unter-Fahlen an bis auf Oberkhürchberg ist des Herbeiziehens noch kein End. Wann die Stadt Ulm
dem Kaiser nit so viel Geld monatlich spendirte, sähe es einer
Bloquirung gleich. Ebensoviel sollen nach Langenau und dieser
Orten gelegt werden. Wir sitzen derohalben allhier abermalen
wie der Vogel auf dem Zweig. Worauf endlich solches abgesehen,
lehrt die Zeit. Den 23. Mayen sein besagte Compagnien wieder
zurück in ihr dilingische Quartier, 5 starke Fahnen aber über
Leipheimer Bruck nacher Langenau marchirt. Wie lang sie allda
bleiben werden, gibt die Zeit. Der Commandant, welcher gesagtes Volk geführt, schickt uns auf den Mittag 2 reitende Salvaguardi, weil aber eben damal der oben gesagte Hauptmann,
welcher das Winterquartier in unseren Flecken gehabt, auch
hieher kommen und das Quartier bis auf den letzten Mayen nicht

---

[1)] Bei der Zerstückelung, die mit den Gütern des Herzogs von Wirtemberg
nach der Schlacht bei Nördlingen vorgenommen worden war, hatte Claudia,
die Wittwe des i. J. 1632 verstorbenen Erzherzogs Leopold von Tirol, Bruders
des Kaisers Ferdinand II., die vor langer Zeit in österreichischen Besitz gekommene, aber widerholt verpfändete und zuletzt durch Erlegung der Pfand-
summe von dem herzoglich wirtembergischen Hause erworbene Grafschaft
Achalm mit allen Zugehörungen als eine liquidirte Sache durch kaiserliche
Resolution erhalten. Seit dieser Zeit suchten die erzherzoglichen Räthe, welche
mit der Uebernahme genannter Grafschaft betraut waren, unter dem Vorwande,
dass sie früher zu dieser gehörten, eine Reihe von Orten für ihre Herrin zu
gewinnen und darunter auch Stadt und Amt Göppingen, die trotz beständigem
Proteste wirklich in österreichischen Besitz kamen und erst auf Grund des
westfälischen Friedens wieder an Wirtemberg zurückgegeben wurden.

quittiren kann noch will, hat er diese 2 Reiter alsbald abge-
schafft und selbst mehr Salvaguardi sowohl in's Gottshaus, als
anderswo gelegt. Sie haben sowohl in der Pfarr, als anderswo
grossen Schaden gethan, bevorab zu Strass, in dem bei 600 Pferd
daselbst gelegen, und grossen Schaden verursacht mit Abmähung
der lieben Früchten. Den 24. May haben wir die Gersten mähen
lassen, doch wer Wehr hat tragen können, dazu gethan, dann
unser gn. Herr ein oder 12 bewehrt gemacht und mit aller Zugehör versehen. Die Soldaten zu Langenau haben sich sehr wohl
gehalten. Den 27. May morgens früh sein sie allda aufgebrochen
und ihren March nach dem Allgay in ihr alt Quartier circa
Fischen genommen. Das Fussvolk bleibt noch aller Orten still
liegen.

Den 2. Juny sein die Liebensteinische Soldaten, so bishero
im Sommerquartier gelegen, aufgebrochen und nacher Ober-
Kürchberg und dann nacher Biberach gemarchirt. Ist also auf
diessmal das Gottshaus von dem Quartier ganz befreit worden,
weiss aber nit, wie lang. Obbesagte Soldaten haben das Gottshaus und dessen Unterthanen über 3500 fl. gekostet an baarem
Geld, Haber über 63 Imi et alia plurima. Täglich werden viele
Commisswägen fürüber geführt, werden von allen Herrschaften
viel Pferd gefordert, solche weiter zu führen. Desswegen auch
unser H. Secretarius nacher Biberach den 2. Juny verreist. Den
8. Juny hat man zu Biberach ein Zusammenkunft der Reichsstände
dieser Gegend beschrieben, da gehandelt worden wegen der Fuhren, welche die Mehlfässer von Söfflingen nacher Stuttgart oder
Tübingen führen sollten. Uns hats getroffen 2 Mehnen; die Unterthanen, welche auf unser Seiten der Donau liegen, haben eine
von Dornstatt ausgefertiget, auf 3 Ross 36 fl. geben, die aber
jenseits der Donau und Thalfingen dazu eine von Oberfahlen
ausgefertiget pr. 36 fl. Die Stadt Ulm soll 100 Pferd liefern,
die Fuggerische 18 Wägen, Wettenhausen eine Mehne etc. Das
Proviant und Mehl wird von Augspurg nacher Söfflingen geliefert.
Wie weit es noch muss geführt werden bis zur Armee, gibt
die Zeit.

Den 20. July kommt abermal Ordre, dass wir 4 Fass Mehl
nach dem Lager liefern oder 80 fl. an baarem Geld darfür zahlen
müssen. Dieser Tagen kommt Bericht ein, dass Herzog Bernard
geblingen gestorben sei; wird gewiss innen werden, wem er
gekriegt hat!

Dieser Tagen (Mitte August) sein von Ulm· aus etliche Schiff
mit Soldaten abgeführt worden, dem Pannier Widerstand zu thun.
Ihre Bagage ist zu Nersingen in grosser Anzahl einquartirt worden, nit ohne grossen Schaden der Unterthanen. Von allen
Hanthierungen zu Ulm muss man vom gelösten Gulden 2 dl. geben,
verbi gratia: ein Schuhmacher kauft von einem Ledergerber 6
Häute, die Haut pr. 6 fl.; der Schuhmacher muss 18 kr. und der
Ledergerber 18 kr. geben. O Juden Spiessle! Wann und ehe
zu Ulm ein Ochs soll geschlachtet werden, so muss man, ehe er
liegt, 4 Thaler der Herrschaft und dann von jedem ℔ Fleisch
2 dl. geben.[1]

Dieser Zeit (Anfang November) nit viel neues, als dass sich
allenthalben viele Wölf sehen lassen. Man sagt, dass auf Kemm-
lath zu oder nit so weit ein grosser alter Wolf sich habe bei·
Tag in ein Haus begeben zu mehrmalen. Endlich ist solches in
acht genommen worden, hat man verspürt, dass er in den Keller
seinen Lauf genommen. Indem er nun einsmals darunten war,
da sein die Nachbarn herbeigelofen, die Kellerfallen zugesperrt,
durch ein Loch Stroh und Feuer hinein geworfen, den alten und
die jung Wölf, welche er darin gezüglet, durch den Rauch getödtet. Das Haus war noch bisher allerdings unbewohnt.

Den 30. Dec. ist Ihre hochfürstl. Gnaden zu Württenberg
bei uns des Nachts logirt mit 12 Pferden. Selbiges aber ist also
angangen: Es hat Ihr fürstl. Gnaden, kommend mit der Post
von Stuttgart, übernachten wollen im Thal, welches da mein
gn. Herr erfahren, weilen er wusste, dass Seine hochfürstl. Durchlaucht würden schlechtlich accommodirt sein, hat er sich auf ein

---

[1] In diese Zeit fällt noch eine Reihe ökonomischer Notizen, fast durch-
gängig von kläglicher Art, weil Missgunst des Wetters während des grössten
Theiles des Jahres das Wachsthum der Früchte hemmte. Am 1. Juni erfolgte
eine grosse Finsterniss, „welches ein böses Omen war, in Bedenken, dass nachfolgende 2 Täg erschreckliche Wetter von unten herauf sich erhebt.“ Am
Ende des genannten Monats traten zerstörende Fröste ein, die zum Heizen der
Stuben nöthigten, sodann Hagelschlag und im Juli „ein solches Windwehen,
in massen kaum geschehen“, von dem viele muthmassten, dass es gekommen,
„weil sich einer selbst erhenkt und eine zu Ulm sich selbsten simul et semel
ertränkt.“ Obst ohne Ausnahme kam gar nicht zur Reife, von Getreide nur
wenig, und selbst dieses hätte man wegen Mangels an Schnittern kaum ein-
heimsen können, wenn nicht die Wirtemberger „haufenweis, Flucht und Armuth
halber“ heraufgekommen und zu dieser Arbeit verwendet worden wären. Dazu
starben die „Yhmen“ theils aus Frost theils aus Hunger völlig aus. Zu all
dem Elend kam noch das Erscheinen von wüthigen Hunden, welche Ross und
Menschen ziemlichen Schaden gethan.

Pferd gesetzt und in das Thal hinunter nach Ihrer hochfürstl.
Durchlaucht geritten und selbige eingeladen.

Annus 1640. [1]

Den 2. Jan. gegen Abend ist Obrist-Lieutenant Franciscus
Hamel wie auch Obrist-Wachtmeister N. Buecher fürüber nacher
Unter-Elchingen gereist mit 9 Fahnen Fussvolk, haben die vor-
gehende Nachtquartier zu Thomertingen, das heutige aber zu
Unter-Elchingen gehabt. Der Obriste und Wachtmeister und
andere Officier haben ihr Mittagmahl im Gottshaus gehabt; gehören zu dem Dipoischen Regiment, werden zu Kempten, Baben-

---

[1] Der eigentliche Krieg berührte in diesem Jahre Schwaben gar nicht,
sondern ward von den Kaiserlichen unter Anführung des 25jährigen Bruders
des Kaisers, Erzherzogs Leopold Wilhelm, und des ihm als Generallieutenant
beigegebenen Grafen Piccolomini, sowie von einer Abtheilung der bayerischen
Armee unter dem Generale Mercy in Böhmen, Sachsen und benachbarten Län-
dern wohl mit sichtlicher Erlahmung, da keine grössere Schlacht vorfiel, aber
doch mit ungeminderter Verheerung und durch die unaufhörlichen Zu- und
Abzüge der Truppen weithin fühlbarem Drucke ohne bedeutenden Gewinn für
irgend eine Partei geführt. Weil die Klage über die Unerträglichkeit der weiteren Kriegslast und der Lösung aller inneren gesetzlichen Ordnung allgemein
erscholl, aber bei der unersättlichen Ländergier des westlichen Feindes nur von
endgiltig entscheidender Uebermacht der Waffen die ersehnte Ruhe zu erwarten
stand, so berief der Kaiser einen Reichstag nach Regensburg, um die Fürsten
zum letzten energischen Aufbringen von Truppen und Geldern zu bewegen und
mit ihnen über die Mittel zur Wiederherstellung der inneren Ordnung zu be-
rathen, konnte aber ausser dem Markgrafen Wilhelm von Baden keinen anderen
von den grösseren Fürsten zu persönlichem Erscheinen in genannter Stadt, in
welcher er selbst schon längere Zeit vor dem bestimmten Termine angekommen
war, veranlassen. Letzterer Umstand, sodann die Weigerung des Kaisers, allgemeine Amnestie zu ertheilen und einen sofortigen Waffenstillstand abzu-
schliessen, sowie der Widerwillen der Abgeordneten der Fürsten und der
übrigen Reichsstände gegen die geforderten Opfer liessen bald nach der in der
Mitte Sept. erfolgten Eröffnung, bei welcher der erwähnte Markgraf die welt-
läufige Darstellung der kaiserlichen Propositionen vorlas, erkennen, dass von
dieser offenbar lange dauernden Versammlung das eigentliche Friedenswerk
noch keineswegs zu erwarten sei. Fast einstimmig, aber mit besonderem Nachdrucke von Seite der schwäbischen Stände, erhob sich bei dieser Gelegenheit
die bitterste Klage über das namenlose durch die kaiserlichen Einquartierungen,
die im Winter dieses Jahres wieder besonders die letzteren trafen, verursachte
Elend und über die grenzenlosen Gewaltthätigkeiten der höheren Offiziere, die beim
Durchmarsche in die ihnen angewiesenen Orte die besseren, welche für andere
bestimmt waren, aus Neid verwüsteten und an den Grenzen ihrer Quartier-
distrikte von den Unterthanen sogar Zoll zu fordern sich erfrechten.

hausen und in der Ritterschaft Quartier haben. Weil es an die Winterquartier gehet, warten wir täglich, was uns treffen möchte. Sonsten werden mehrmal allenthalben viel Wölf gespürt und gesehen, wie ich dann selbst vor 14 Tagen einen starken Schelmen beim Fischerhaus angetroffen, indem ich morgens um 6 Uhr in die Pfarr wollen gehen, ist aber fürüber marchirt; habe ihm nit fast gelocket. Den 6. Jan. sein bei 14 Soldaten vom Fugger von Weissenhorn in die Pfarr einquartirt worden und· haben zu Nersingen in dem Wirthshaus ihr Quartier genommen und solches schon zum drittenmal tentirt worden. Weil sie aber allwegen theils von unserem gn. Herren, theils von unseren Soldaten abgetrieben worden, haben sie sich endlich in die Ruhe gegeben. Doch hat der Fugger denen Soldaten allzeit etwas versprochen, wann sie die gesagte Quartier manutenirten. At tentare licet. Den 8. Jan. sein zu uns 2 Soldaten und Befehlshaber von dem Proviantstab kommen, haben bei uns Quartier gemacht, von dem Obristen Commissario Scheffer commandirt. Diesen wird nach ihrem Deputat monatlich bei 400 fl. aus der Herrschaft geliefert. Dieser Tagen haben die Ulmer bei Thomertingen die Wölf gejagt, haben 3 gefangen, sein 2 entronnen. Sein bei 200 Mann bei solchem Jagen gewesen, unter welchen auch der H. Propst von Wengen und sein Conventual P. Melchior. Als nun ein Wolf bei gesagtem Conventual in's Garen eingefallen, hat er solchen mit einem eisernen Locher zu todt geschlagen. Werden sowohl diessals jenseits der Donau viele Wölf gespürt.

(Mitte März.) Man sagt stark, was massen fast alle Nacht zu Ulm auf der Bastei beim Spital allerlei wilde Thier gesehen werden, welche die Wachten sehr ängstigen. Dergleichen sagt man auch für gewiss, dass bei Augspurg und deren Orten erschreckliche Gespenster gesehen werden, bevorab in Jäger und wilder Thier Gestalt, welche auch vieler fürnehmer Geschlechter Gestalt und Gesichter repräsentiren, und diese werden bei Tag sowohl als bei Nacht gesehen. Ziehen oft aus als eine Compagnie Reiter, Fussgänger etc., zwingen die Leut zum Gejäg und tödten solche auch mehrmal gar. Was solches bedeute, ist allein Gott bekannt. [1]

Den 15. April hat der Herr Weihbischof von Augspurg zu Dilingen unseren Herren Prälaten wie auch den Herren Prälaten

---

[1] Am 19., 20. und 22. März huldigten die Unterthanen des Reichsstiftes ihrem Herrn dem Abte in der Zahl von etwa 400, „in dieser Zeit viel!"

zu Roggenburg, Wettenhausen, Fultenbach und Deggingen simul
in der Jesuiter Kirchen solenniter benedicirt. Assistentes fuerunt
R. D. Abbas in Blaubeüren et Ursperg. Die Patres Societatis
Jesu haben die erste Mahlzeit in dem Triclinio gehalten, solche
hat 185 fl. gestanden. Wohl geschoren! Dem H. Weihbischof
haben sie 50 Thaler verehrt. Ist den 16., als man allenthalben
die Zech müsste zahlen, ein ewiges Geldzählen der Prälaten gesehen worden. Sein viel volle Seckel hin, aber noch mehrere
leer hinweg geführt worden. Unserem gn. Herrn hat's über
100 Thaler gestanden. In dieser Bezahlung hat sich männiglich,
wer auch das wenigiste gethan hat, angemeldet. Die Fuhrknecht
und anderes Gesindle haben draussen bei den Wirthen gezerrt,
haben auch ein gute, in den Köpfen krazende Summa gemacht.[1]
Den 22. Mai sein die Gesandten von der Stadt Ulm im Gottshaus gewesen, als nämlich N. Welser und Marquard Ehinger,
beide Burgermeister daselbst, mit einem Doctor und einem Notario
publico. Diese haben mit unserem gn. Herrn von wegen etlicher
stritigen Puncten tractirt, welches alles bono contentu abgegangen,
und sein nach der Mahlzeit ziemlich bezecht wieder nach Haus
mit 8 Pferden gefahren.[2]

Den 3. Julii ist unserm gn. Herrn eine kaiser. Citation auf
den Reichstag nacher Regenspurg überliefert worden, derowegen
auf den 12. dito ein Prälatentag zu Ravenspurg angestellt worden,
auf welchen unser gn. Herr den 9. hujus von hinnen auszogen
und wegen wenigen Gelds dahin closterirt.[3]

---

[1] Am 1. Mai hatte das Kloster einen schweren Schaden durch Einbruch
in der Kanzlei zu tragen. „Man hat allein das Schreibtischle, welches etlich
Schubläden gehabt, mit hinweg genommen, ist solcher Schaden auf 350 fl. geschätzt worden an Geld und Geldeswerth, dann daselbst neben der Soldaten
Anlaggeld auch des Secretarii beste Kleinodien gewesen. Man hat die ganze
Gemeind aufgemahnt, die Hölzer zu durchsuchen, ist aber mehr nit gefunden
worden, als im Forst ein wilde Sau.“ Ueber Beschädigung durch Wildschweine
wird in dieser Zeit, besonders vor der Erndte, viel geklagt. Obwohl man zu
Nacht auf allen Feldern mächtige Feuer anmachte, so hatten diese doch nur
„einen schlechten Scheuen darob“ und kamen häufig in solcher Menge und mit
solchem Ungestümm, dass die Wächter meinten, es spränge eine ganze Kompagnie Reiter heran.

[2] Am 13. Juni tobte in und um Elchingen ein erschreckliches Wetter,
das zu Ulm in einer Viertelstunde dreimal einschlug: im Münster, wo es den
grössten Schaden in der Orgel gethan, der auf 500 fl. geschätzt ward, dann im
Gänsethurm, da zwar Pulver darinnen gewesen, doch keinen Schaden gethan,
und in Doctor Horsten Haus, wo es einen Mörtelträger erschlug.

[3] Das soll wohl besagen, dass der Abt auf dieser Reise von dem Gast-
rechte in den Klöstern Gebrauch machte.

Den 14. Aug. sein die 2 von denen Reichsprälaten erwählte
Prälaten, als nemlich von Weingarten und Roggenburg, nacher
Regenspurg auf den Reichstag auf dem Wasser hinabgefahren.
Was sie guts werden ausrichten, gibt die Zeit.

Den 30. Sept. haben wir eine ziemliche stattliche Kirchweih
gehabt. Ein Capuciner hat geprediget und in der Kirchweihe
3 Kirchweihspeisen aufgesetzt, nämlich ein Voressen, nit eines
Kalbs-, sondern eines Todtenkopfes, ein Braten, nit vom Hammel
oder Gewild, sondern Höllenbraten, und einen Kirchweihbrein,
welcher lieblich und süss, denotat aeternam felicitatem. Der Propst
von Wengen, der Burgermeister von Günzburg, Herr Günzer,
mit etlichem Frauenzimmer ist hier gewesen. In dem Hieher-
reisen hat er bei Riethen 2 Wölf angetroffen, sein doch ohne
Schaden fürüber marchirt. ¹) Dieser Tagen ist ein berühmter
Franciscaner allhier gewesen, welcher unter anderen Discursen
auch vermeldet, wie dass er aus einem Catalogo gelesen, dass
1400 kaiserische Commissarii bei der Armee seien. Gedenk, was
diess Unziefer in dem Reich für Schaden thun werde!

Den 4. Dec. haben wir 4 Wägen mit Wein (von Schorndorf)
heraufgebracht. Ist mächtig Zeit gewesen, dann man stark von
Winterquartieren sagt. Als ich diess schreib, kommt Post, wie
dass ein gross Anzahl Volk durch Württenberg in's Winterquartier
ziehe und der mehrer Theil im Ulmischen werde logiren. Weil
aber die Ulmische kein Quartier gestatten wollen, sein die Soldaten gewaltig schwierig. Desswegen den 26. dito das Hass-
langische Regiment sein Quartier zu Wösterstötten genommen
und diesen Flecken abermal fast in den Grund verderbt. Den
17. Dec. ist der Markgraf von Baden hieher in's Gottshaus kommen und sein Nachtherberg mit 11 Pferden herin genommen.
Ist ein ansehnlicher greisgrauer Fürst, möcht in meinem Alter
sein, kommt von dem Regenspurgischen Reichstag. Dieser soll
daselbst die Kaiserische Proposition gethan haben. Hat viel Pferd
im Thal logirt, hat 2 Ducaten in die Löze geschenkt. Als sein

---

¹) Aus etwas späterer Zeit berichtet Bozenhart: „Es haben die Ulmische
Metzger ein Heerd Schwein bei unserem Aichele fürüber getrieben. Bald läuft
ein Wolf heraus, nimmt ein Schwein bei dem Ohr, führt es, wo er gewollt.
Ist sehr lustig zu sehen gewesen, wie er das Schwein so behend hinweg ge-
bracht hat. Bei den Ohren regiert er's, mit seinem Schweif, als mit einer
Geissel treibt er's." Zu dieser Plage durch Wölfe kam noch eine weitere durch
wüthige Füchse, die in's Thal liefen am hellen Tage und deren einer ist zu
Tod geschlagen worden.

Jesuiter, welchen er bei sich hatte, morgens wegritte, hat der
Fürst ihm vor wöllen St. Jobannis Segen zutrinken. Weil aber
das Taufbuch ohngefähr unter einem Dachtrauf gestanden, ist es
dermassen zusammen gefroren, dass man's nit hatte eröffnen
können. Dito ist unser gn. Herr nach dem Gottshaus Zwifalten
gereist, dann da sollen die Winterquartiere ausgetheilt werden.
Den 26. dito sein viel Unter-Elcbinger in's Gottshaus wegen der
Soldaten gewichen, weil aber ein Lieutenant und ein Wachtmeister ihr Quartier daselbst genommen, haben sie solche mit
Sack und Pack hinaus begehrt, weil sie aber nit hinaus wollen,
haben die Soldaten 2 Nächt unsere Thor verwacht mit starkem
Feuer, Niemand mehr herein noch hinaus wollen lassen. Sein
wir derowegen gezwungen worden, die Unter-Elchingische aus-
zubitten.

Annus 1641. [1]

Den 18. Jan. und dieser Tagen ist mächtig viel Volk in allen
Flecken herkommen, endlich den 18. (?) der Obriste Wolf selbsten,

[1] Im Anfange dieses Jahres drohte dem noch zu keinem wichtigen Entschlusse gekommenen Reichstage zu Regensburg eine unerwartete und höchst
unangenehme Beendigung, da der schwedische Feldmarschall Baner, plötzlich
aus seinem Hauptquartiere in Erfurt aufbrechend, in Eilmärschen heranzog, um
den Kaiser und die um ihn Gesammelten durch kühnen Ueberfall gefangen zu
nehmen. Damals zeigte Ferdinand III. hohen Muth, indem er dem Drängen
nach schleuniger Flucht widerstand und trotz der Feindesgefahr auf Fortführung
der Verhandlungen bis zu günstigem Erfolge verharrte, dabei aber selbstver-
ständlich alle Anstalten zur möglichsten Vertheidigung traf. Wirklich fand
Baner schon an der Nordgrenze der Oberpfalz bayerische Regimenter unter dem
General-Wachtmeister von Mercy zu seinem Empfange bereit, gelangte aber
doch, durch seine Uebermacht die Hindernisse grossentheils beseitigend, am
22. Januar bis Stadtamhof, von wo er über die gefrorene Donau nach Regensburg zu kommen hoffte. Aber plötzlich eintretendes Thauwetter nöthigte ihn
zum Abzuge von der mittlerweile auch hinreichend geschützten Stadt, die er
noch mit einem Kugelhagel überschüttete. Der Reichstag dauerte bis zum
18. Oktober und schloss mit dem Resultate, dass dem Kaiser 120 Römermonate
noch für d. J. 1641 und ebensoviele für das nächste bewilligt und Osnabrück
und Münster als Sammelplätze für die Verhandlungen zwischen dem Kaiser,
den Reichsständen und den Kronen Schweden und Frankreich zum Zwecke des
Friedens bestimmt wurden. Fast das ganze Jahr hindurch verweilten bayerische
Regimenter, von welchen besonders das des Obersten von Neuneck bittere
Klagen über Erpressungen verursachte, in Wirtemberg, dessen voller Amnestie
aus dem Grunde der Zögerung im Vollzuge der Bedingungen derselben sich
neue Schwierigkeiten entgegen stellten. Namentlich verharrte der Kaiser auf
der Forderung der Uebergabe der Festung Hohentwiel (O.-A. Tuttlingen), die

welchem diess Volk mehrertheils zugehört. Zu Nacht ist er mit
etlich wenig Personen in's Gotteshaus zu Gast geladen worden.
Morgens den 19. Jan. hat er unseren gn. Herren auch zu Gast
geladen, nachfolgenden Tag ohne alle Ungelegenheit aufgebrochen
und seinen March nacher Donauwörth genommen, sein Gemahl
aber, wie auch des Obrist-Lieutenants Gemahl mit ziemlich viel
Gesindle ihr Quartier im Gotteshaus genommen, das Fürstenzimmer
und Nebenstüble belegt. Zehret zwar für sich selbst, fehlet ihnen
doch allzeit etwas, welches ich ihnen muss erstatten. Ueber
solche Beschwerniss müssen wir ihnen monatlich noch 700 fl. an
Contribution erlegen. Die Zeitungen bringen täglich mit sich,
wie dass Regenspurg von den Schwedischen seie bloquirt und
werde täglich beschossen. Jedoch wolle Ihro Kaiser. Mayst. mit
seiner lieben Gemahl nit weichen. Desswegen alle einquartirte
Soldaten hierum sein abgeforderet, doch gehet die beschwerliche
Contribution noch fort. Man sagt, die Ulmer haben 3000 Thaler
versprochen, dass das Ulmerland sollte von Soldaten verschont
werden und von Quartieren befreit bleiben.

Den 6. Febr. haben 2 Standarten der Neineggischen wollen
ihr Nachtquartier zu Unter-Elchingen nehmen, desswegen sie
schon beim Schelmen-Khan gewesen. Indem sie aber erfahren,
dass solcher Flecken mit Soldaten belegt, haben sie sich gewendt
und mit Gewalt Quartier im Thal gemacht, morgens nacher
Lauingen marchirt.[1] Den 7. Febr. ist des Obristen Wolfen
Gemahlin mit allem ihrem Plunder hier im Kloster aufgebrochen
und nacher Kirchberg ihren Weg genommen, von dannen ihr
Quartier zu Lanzbir haben wird. Was ich ihnen aus Kuchen

der Kommandant, Obrist Widerhold, schon l. J. 1638, als Herzog Eberhard
dem kaiserlichen Begehren in diesem Betreffe sich fügen wollte, dem Herzoge
Bernhard von Weimar zum Schutze bis zu einem günstigen Frieden überliefert
und zur weiteren Verwahrung in dessen Namen erhalten hatte. Da der zur
Rettung dieses Kleinods des Landes auf's äusserste entschlossene Oberst trotz
mehrfachem Befehle Eberhards selbst, wiederholter Beschiessung und glänzendem
kaiserlichem Versprechen für seine eigene Person sich in keiner Weise zu
einem Akkorde bewegen liess, so erfolgte am Ende dieses Jahres eine neue
Belagerung der Bergfeste durch den kaiserlichen General Sparre, dem hierzu
das genannte Neuneckische Regiment beigegeben war, aber ebenfalls ohne Erfolg.

[1] Aus dieser Zeit berichtet Bosenhart unter anderem Oekonomischem
Folgendes: „Es ist allenthalben die wahre Klag, dass fast alle Hennen, sobald
sie die Eier gelegt, alsbald solche thun aufpicken und die Schalen fressen,
desswegen ihnen etliche die Schnäbel stutzen, hilft doch nichts. Etliche binden
den legenden Hennen Säcklen an, es möcht' solcher Fund wohl helfen. Gott
weiss, was diess bedeut."

8

und Keller gegeben, haben sie alles ziemlicher massen bezahlt, doch begehr ich solcher Gäst nit mehr. Den 26. Febr. sein Comagisch und Briganzische Soldaten bei 11 Standarten im Thal eingefallen, haben grossen Schaden in Futter und Häusern gethan, den 28. Febr. das Gottshaus-Fischerhaus zu Aschen verbrannt. Ist darbei nit verblieben, sondern den 3. Merzen beede Regiment in's Thal und Thalfingen, wie auch Göttingen und Langenau kommen, ihr Nachtquartier mit Gewalt genommen, und wofern unser gn. Herr nit ihnen entgegen geritten wäre und solche auf Geysslinger Steig angetroffen hätte, so wären beede Regiment in des Gottshauses Güter logirt worden. Den morgenden Tag in aller Frühe sein sie nacher Langenau marchirt und um 10 Uhr beede Regimenter allda zusammenkommen, von dannen die Reiterei nacher Stozingen marchirt, das Fussvolk aber nacher Leipheim, daselbst auf das Wasser gesetzt zu werden. Ziehen sammentlich nacher Böhmen. Die Ulmer haben desswegen 14 Schiff dahin abgeordnet. Den 26. Febr. haben wir blut vor dem Einfall unsere Ross und Wägen wohl beladen mit etlich der besten Sachen nacher Ulm gebracht, den 6. Mart. solche wieder abgeholet. Ist nur im Thal über 1000 fl. Schaden geschehen.

Den 16. Mart. ist unser gn. Herr nacher Memmingen auf den Prälaten-Tag gezogen und dann den 20. dito wider kommen, doch den anderen Tag gleich nacher München verreist, dann er und H. Prälat von Ursperg von denen Prälaten erwählt, dass sie der geistlichen Gottshäuser Beschwerden wegen der unerträglichen Bayerischen Winterquartiere dem Bayrfürsten sollten fürtragen. Was erfolgen wird, gibt die Zeit. Den 30. Mart. ist unser gn. Herr mit guter Gesundheit wieder hieher kommen.

Dieser Tagen (Anfang April) ist der Obriste Schlammerstorffer[1]) zu Ulm bei der Kron eingezogen und die Fassnacht daselbst gehalten. Unter anderen Tractamenten hat er zu einem Fassnachtpossen einen s. v. Kühdreck auf das stattlichste zubereiten und auf den Tisch tragen lassen, welcher auch alsbald sauber verzehrt und aufgeessen worden, und haben von solcher Tracht nit nur schlechte Personen geessen, sondern auch stattliche Cavalier, dann sie von Pfeffer, Geigenmehl etc. gar wohl gekocht war, sein auch bei 30 Eier darzu gebraucht worden. Solche Sach

<hr/>

[1]) Da dieser Oberst mit dem oben i. J. 1631 (S. 167 Anm. 2) genannten ohne Zweifel identisch ist, so bitte ich die daselbst aus Iselins Lexikon angeführte und aus Versehen stehen gebliebene Notiz, dass derselbe i. J. 1637 bei der Eroberung der Stadt Wollgast gefallen sein soll, als irrig zu streichen.

ist bald allenthalben erschollen und an hoher Potentaten, ja gar an den Kaiserischen Hof kommen und sogar ein Lied darvon gemacht worden, wie nämlich die Ulmer Kühdreck-Fresser seien. Man sagt, die Ulmer gäben eine namhafte Summa Geld für solchen Spott. Der Köchin, welche solches gekocht, ist nach schwerer Gefängniss Stadt und Land verboten worden. Der Kronenwirth, wie auch sein Hausfrau, sein gefänglich eingezogen worden, wie es weiter mit ihnen gehen wird, gibt die Zeit.

Den 20. May hat der Obriste Gumm, weil er in dem Ulmischen Quartier hat, 12 Pferd hieher auf die Weid gethan, denen der Spitalgarten eingeraumt worden.

Den 1. Junii und folgende Täg sein die Soldaten turmatim jetzt auf, jetzt herabgezogen und grossen Schaden in Quartieren gethan.

Den 19. Nov. [1]) Nachts um 8 Uhr ist Benedict Hochlauter, Bayerischer Kriegs-Commissarius, hier angelangt, sein Quartier mit 40 Fussknechten hier genommen, wie auch etliche auf die Alb, etliche in die Pfarr gelogirt mit der Prätension, wann man ihm die ausständige Römermonate [2]) werde bezahlen, wolle er das Volk wieder abführen, im widrigen wolle er alles spoliren und sich selbst bezahlt machen. Die Summa Geld, so er vom Gottshaus fordert, ist 11,000 fl. und etlich fl., etlich kr. Weil man aber mit ihm den anderen Tag pactirt, ist ihm durch unseren gn. Herren bewiesen und mit Quittungen dargethan worden, dass sich die Summa auf 6000 fl. erstreckte, doch er sich auch zu solchem nit erkennte. Doch damit man bei Haus möchte bleiben können, auch Ross und Vieh möchte behalten werden, hat man

---

[1]) Die beträchtliche Zwischenzeit vom Anfange des Juni bis zur Mitte des November scheint in ziemlicher Ruhe vor den Soldaten verflossen zu sein, weil aus derselben blos ökonomische Notizen, besonders Klagen über Schaden durch ganze Schaaren von wilden Schweinen, auf welche die Ulmer mehrmal Jagd machten, vorliegen.

[2]) Römermonate· waren erst gewisse Beisteuern, welche die Stände an den deutschen König, wenn er zur Kaiserkrönung nach Rom zog, zum Aufbringen seines aus 12,000 Mann zu Fuss und 4000 zu Pferde bestehenden Gefolges zu leisten hatten, dann wurde überhaupt eine Reichshülfe oder Abgabe daraus, die bei gemeinschaftlichen Reichsnöthen vermöge eines Reichstagsbeschlusses von sämmtlichen Ständen nach dem Verhältnisse ihrer Länder und nach der auf dem Reichstage zu Worms i. J. 1521 angenommenen Reichsmatrikel an Mannschaft oder an Geld, wobei ein Reiter monatlich auf 12 fl., ein Fussgeher aber auf 4 fl. angesetzt war, gefordert werden konnte. Nach der genannten Bestimmung betrug ein einfacher Römermonat in Geld 101,906 fl.

8*

ein Ross pr. 6 fl., ein Kuh pr. 4 fl., eine Gaiss pr. 10 Bazen angeschlagen. Den 27. Nov. ist unser gn. Herr nacher München zum Bayrfürsten gezogen in Meinung, daselbst etwas an solcher unerschwinglichen Anlag zu moderiren, hat aber nie kein Audienz können haben, Hofbescheid und gute Wort genug. Den 7. Dec. ist er wieder glücklich hier angelangt. Die Summa, so wir inner Jahresfrist sollten erlegen, geht auf 26,000 fl. Bis auf den 22. Dec. hat man dem gesagten Pressreiter allhier 2000 fl. müssen erstatten. Wie es ferner wird gehen, gibt die Zeit. Viel Wülf und Schwein lassen sich abermal allenthalben sehen; desswegen auch täglich viel gefangen werden. Dieser Tagen hat man etlich Tag nach einander ein stetiges greuliches Schiessen von Hohenwiel gehört, ist doch bis dato wenig ausgericht worden.

Annus 1642. [1])

Den 2. Jan. sein die obgesagte Pressreiter von hinnen abgezogen. Den 22. Jan. sein die Soldaten wie die Bienen bald her bald weg gezogen und bald in diese, bald in andere Flecken

[1]) In diesem Jahre konnte die schwedische Armee, an deren Spitze nach dem am 10. Mai des vorigen in Halberstadt erfolgten Tode Baners der trotz seiner fast gänzlichen Lähmung doch ungewöhnlich energische Torstenson gestellt worden war, auf Grund des Anschlusses des Kurfürsten Friedrich Wilhelm von Brandenburg an die dem Kaiser feindliche Partei wieder die Offensive ergreifen und gegen Schlesien, Böhmen und Mähren mit Erfolg vorgehen. Am 2. November besiegte sie die Kaiserlichen unter Erzherzog Leopold und Piccolomini bei Breitenfeld unweit Leipzig, vermochte aber wegen eigenen grossen Verlustes den Sieg nicht in der gewünschten Weise auszubeuten. Doch kommandirte der Kurfürst Maximilian von Bayern, um sein Land gegen die Möglichkeit eines schwedischen Einbruches zu schützen, alle verwendbaren Regimenter nach der oberpfälzisch-böhmischen Grenze. Auf diesen Befehl verliess auch der General-Wachtmeister Freiherr von Mercy den Oberrhein und zog dem ihm zunächst als Ziel bezeichneten Donauwörth zu. Als er aber in Memmingen erfuhr, dass sogleich nach seinem Abgange die Franzosen über den nun offenen unbeschützten Fluss gegangen waren und in raschem Vorwärtsdringen die Städte Ballingen und Tuttlingen erstürmt hatten, kehrte er daselbst wieder um und trieb die Feinde glücklich zurück, worauf er den vorigen östlichen Marsch wieder aufnahm, aber, weil für die nächste Zeit für Bayern von den Schweden nichts zu fürchten war, diesen an der Iller mit nördlich gerichtetem Wege vertauschte. Im Einverständnisse mit dem französischen Feldherrn Guebriant hatte nach Mercy's besagtem Abzuge vom Oberrhein auch Oberst Widerbold aus der Feste Hohentwiel verheerende Ausfälle unternommen und die im Tagebuche erwähnte Plünderung des Klosters Blaubeuren, dessen Abt er gefangen wegführte, vollzogen.

häufig sich ausgetheilt. Unser gn. Herr ist dieser Ursachen halber zu Memmingen beim Commissario gewest, was er ausgebracht, mit nächstem.

Den 2. Febr. Mittag um 12 Uhr haben einige Gummische Soldaten in unseren Flecken auf der Alb, Thalfingen und allhier Quartier begehrt. Weil man ihnen aber solches rund abgeschlagen, haben sie mit Gewalt solches genommen, und weil man darüber Sturm geschlagen und stark geschossen aus dem Gottshaus, sein sie gar schwierig worden, haben die Unterthanen sehr geplagt um Fleisch, Fisch, Wein etc., sein den 4. Febr. nacher Stozingen gezogen, haben doch Rammingen auch nit vergessen. Haben sich in Summa allenthalben gehalten, wie die Hund, so die Häfen verbrechen.

Den 30. Mart. hat sich ein Tumult zu Thommertingen unter den Soldaten und Bauren erhebt wegen des Frözhabers. [1] Die Bauren haben anfahen, darein schlagen, auch einen ziemlich bezeichnet. [2]

Den 1. April ist unser gn. Herr nacher München abermal auf der Post gereist wegen der Quartier, den 9. wieder cum bono contento nacher Haus kommen. Den 26. April ist die ganze Herrschaft im Gottshaus gewesen, hat ein jeder seinem Vermögen nach steuren müssen, vom hundert 9 kr., auch was ausständige Schulden sein, und solches wochentlich continuiren. [3]

Den 1. Juny ist der Herr Prälat von Wiblingen, postulatus vicarius generalis vom Bayrfürsten, nach der Armee hinweg gezogen. Es lassen sich mehrmalen viel Wölf sehen, bevorab in unseren Hölzern und Viehweiden, ja auch bei hellem Tag laufen sie unter das Vieh, als wann sie darunter gehörten, nehmen Gaissen

---

[1] Frezen == zur Fütterung verwenden.

[2] In diesem Monate März wurde die Post von Ober- nach Unter-Elchingen versetzt, nach Bozenharts Bericht: „Dieser Tagen hat hiesiger Postmeister, weil er nur ein Bestandhaus bisher gehabt, solches aufgesagt und sich zu Unterelchingen mit sammt der Post eingekauft und dahin begeben."

[3] Von einer in diesem Monate verrichteten Wallfahrt berichtet Bozenhart: „Den 23. April ist unser gn. Herr mit grosser Kreuzschaar nach Ehingen zu unser lieben Frauen gezogen, daselbst pontificirt und den 24. wieder nach Haus kommen. Weil man aber über das Ulmisch gereist, ist man in dem Hinaufziehen durch Dornstatt und Papelau und dann nacher Heufelden, am Herabziehen aber nacher Erbach und an Ulm, mit der Kreuzstang, doch abgelegten Fahnen. Die Ulmer haben sehr darob gestutzt, auch ihrer bösen Mäuler Murmeln nicht können lassen. Was thut euer Frau, ist sie übel auf, dass ihr sie habt müssen heimsuchen? und viel andere dergleichen lose Reden etc."

und Kälber hinweg, was ihnen gefällt. Viele Züchten wilde Säu lassen sich auch allenthalben sehen.

Den 6. July und dieser Tagen sein unsere Soldaten aus dem Winterquartier gezogen, hätten schier noch einen Winter erreicht. Haben sehr viel Blutgeld von uns hinweg gebracht, als

H. Commissari von Forstenhausen	1971 fl. 35 kr.
Item dem Wolfischen Regiments-Quartiermeister	1054 fl. — kr.
Item dem Holzischen Regiment	745 fl. 15 kr.
Item dem Sporkischen Regiment	170 fl. 45 kr. [1]
Dem Commiss. Hohenleüttner wegen der Execution	2000 fl. 35 kr.
Summa:	5942 fl. 10 kr.

Dieser Tagen sein die Pressreiter zu Unter-Elchingen bei einer Gasterei sehr uneins worden, ist einem Trompeter ein Hand herunter gehaut worden; auch der Junker von Alböckh, weil er sie Baurenschinder geheissen, auf .den Tod verwundt worden. Circa 26. July ist zu Ulm in eines Ledergerbers Haus ein Ei von einer Hennen gelegt worden, auf der einen Seiten etwas breitlechts und um diese Länge und Breite ringweis herum Sonnenstraamen [2] in die Schale eingebildt gewesen, ist wohl ein Lust zu sehen gewesen; bevorab, da es noch voll gewesen, soll diese Seite gescheint haben zwischen gesagten Straamen wie Chrystall. Auf der anderen Seiten aber ist ein recht deutliches unser lieben Frauen Bildle mit einem kleinen eingefätschten Christkindle auf dem Arm, welches grösser, als eine grosse Ameis, von der Schalen aufgeworfen oder ausgewachsen ist. Diess Ei ist nit allein in der Stadt gesehen und hin und wieder geholet worden, sondern auch auf das Land weit getragen, wie es dann auch den 17. Aug. hieher in's Gottshaus gebracht, auch von

---

[1] Die bie[n] genannten 3 Regimenter, von denen das erste und dritte aus Dragonern bestanden, zeichneten sich in dieser Zeit vor anderen durch aussergewöhnlich kühne und erfolgreiche Thaten aus, zu welchen sie ihre tapferen Führer zu begeistern und klug zu leiten wussten. Ihnen verdankte man vorzugsweise den am 24. Nov. 1643 erfolgten Ueberfall der Franzosen bei Tuttlingen, wobei Spork, der sich vom westfälischen Schweinehirten bis zum kaiserlichen General-Lieutenant und Grafen erschwang, und Wolf, der dafür vom Kaiser mit 1000 Dukaten und einer Gnadenkette belohnt wurde, mit unwiderstehlich heftigen und raschen Angriffen das Ordnen des überraschten Feindes unmöglich machten und Friedrich Freiherr von Holz das die von diesem besetzte Stadt Tuttlingen beherrschende Schloss Honberg erstürmte.

[2] Der Stramen, Straimen, Striemen = Streifen.

männiglich gesehen worden, ich auch solches mehrmalen in meinen
Händen gehabt. Wird mancher Discurs über solches Wunderei
gehalten. Etliche Barbierer in der Stadt hatten solches auch
unter Handen, wollten das gesagte Marienbildle sittsam von der
Schalen herunter lösen. Mit diesem haben sie das Ei ein wenig
gespalten, dass das helle Wasser heraus rann, dann es war sonst
nichts darinnen, ist doch das liebe Mariabildle unversehrt verblieben. Die Frau, die solches Ei aus dem Nest erhebt, betheuert
hoch, dass, als sie solches heraus genommen, hab es einen solchen
Schein und Glanz von sich gegeben, als wann es ein kleiner
Wetterlaich [1]) wäre, darob sie sehr erschrocken. Ein kaiserischer
Curier hat solches bald abreissen [2]) lassen und dem Kaiser überschickt; hat längsten wollen 20 Thaler gelten, hat's doch nit
wöllen hingeben. Den 10. Aug. sein die obgedachte Pressreiter
von Unter-Elchingen hinweg mit grossem Stuck Geld, haben doch
alle Pferd in Accord genommen, bis sie völlig quittirt worden.
Den 17. Aug. sein noch mehr kommen, diesem stattlichen Flecken
den Garaus zu machen.

Den 2. Nov. ist zu Leipzig eine grosse blutige Schlacht geschehen, und, wie man sagt, haben die Unserige grob eingebüsst.
Dieser Tagen haben die Hohenwieler das Kloster Blaubeüren
ausgeplündert, den Prälaten und Grosskeller daselbst gefänglich
hinweg geführt, doch endlich der Grosskeller ihnen entloffen.
In dem Heimreisen aber haben ihnen etliche vor Hohenwiel
liegende Obristen aufgepasst, nit allein den Raub wieder abgenommen, sondern auch den Prälaten los gemacht, auch etliche
derselben niedergemacht und viel gefangen. Dieser Einfall ist
auf Söfflingen vermeint gewesen, warumben aber solcher verändert worden, gibts die Zeit. Dessentwegen auch wir mit unserer habenden Waar in grossen Sorgen stehen. Wird derowegen
bei Nacht grosse Wacht im Gottshaus gehalten.

---

[1]) Wetterleich, nach Schmeller soviel als Wetterleuchten (lat. vedr-leike,
schwed. väder-lek, das Wetter).

[2]) Abreissen = abbilden.

Annus 1643. [1]

Den 15. Jan. zu Nacht ist ein solcher Lärm zu Ulm in der Stadt entstanden wegen des Lottringers, Weinmars und Hessischen einfallenden Volks, welches in Württenberg bei Stuttgart haufenweis eingefallen, auch etlich Flecken, Städt und Märkt übel ruinirt, ausgeplündert, auch die Leut zum Theil gar niedergemacht. Desswegen die Ulmer zu eiteler Nacht alle Spital- und andere Mehnen lassen nacher Geysslingen und anderen Orten in grosser Eil fahren, die Früchten abzuholen, ja allenthalben in ihrem Gebiet Brief und Befehl ausgeschickt, dass man morgens am Tag mit Weib und Kind und was ihnen lieb, nach der Stadt sich begebe, welches auch geschehen, und diese Nacht ein solches Haglen und Fahren gewest, dass einer hätte sollen meinen, der Feind wäre auf dem Hals. Diess alles hat auch uns nit wenig, sondern ein grossen Schrecken causirt, also dass wir gezwungen

---

[1] Kurfürst Maximilian von Bayern hatte seit der kaiserlichen Niederlage bei Breitenfeld mit dem Aufbieten der äussersten Kräfte so umfassende Rüstungen getroffen, dass er am Beginne dieses Jahres über mehr als 20 Regimenter verfügen konnte, welche zum grössten Theile unter dem Kommando des nun zum Feldmarschall erhobenen Freiherrn von Mercy und des im August 1642 gegen den schwedischen Marschall Gustav Horn wieder ausgelösten Reitergenerals Johann von Weert die aus dem Elsass nach Wirtemberg vorgedrungenen Franzosen und Weimarer bekämpfen sollten und zu diesem Zwecke zwischen Weissenburg und Dinkelsbühl sich sammelten Noch in des Winters voller Strenge suchten sich die Gegner auf alle Weise zu beschädigen, wobei der letztgenannte von Weert durch seine kühnen Ueberfälle ungewöhnliche Erfolge errang. Bedeutende Verluste und die Unmöglichkeit, in den völlig geplünderten und verarmten Quartieren noch länger das Leben zu fristen, zwangen den französischen Marschall Guebriant, seine Truppen im August nach dem Elsass zurückzuführen, das sie erst im Oktober, mit neuem Zuzuge unter dem Herzoge von Enghien verstärkt, zu hoffentlich siegreicherem Bekämpfen des Feindes wieder verliessen. Am 19. Oktober nahmen diese die von Bayern vertheidigte Stadt Rottweil, wobei der genannte Marschall tödtlich verwundet wurde, und zogen unter dem neuen Befehle des prahlerischen Grafen von Ranzau nach Tuttlingen. Daselbst wurden sie, die im Glauben, dass die Bayern zur Sicherung ihrer Landesgrenze gegen die Iller abgezogen seien, der gewöhnlichsten Regeln der Vorsicht vergessen hatten, von diesen am 24. November mit der grössten Heftigkeit überfallen und derartig geschlagen, dass nur spärliche Reste in schleunigster Flucht über den Rhein entkamen. Die schon am 27. desselben Monates erfolgte Wiedereroberung der dem Prinzen Friedrich von Wirtemberg, Bruder des Herzogs Eberhard, zur Vertheidigung anvertrauten Stadt Rottweil war eine Folge des glänzenden Sieges, worauf die bayerischen Regimenter wieder meist in Wirtemberg und den benachbarten schwäbischen Gebieten die Winterquartiere bezogen.

worden, auch unsere beste Sachen nach der Stadt zu schicken in
grosser Eil. Hat auch unser gn. Herr eine Division unter uns
gemacht, wo ein jeder im Fall der Noth sich hin retiriren solle.
Er hat nacher Wallstötten mit 2 Priestern gewollt, P, Prior et
alius haben sich wollen unterstehen, hier zu bleiben und zur
Haushaltung zu sehen, ein Pater und ein Frater haben nacher
Günzburg gesollt, 2 Patres nacher Ulm in unseren Hof. Ist
allenthalben zuvor von unserem gn. Herren gute Provision, quoad
victualia, geschehen. Ein ewiges Hin- und Hermarchiren ist der
Soldaten sine omni effectu, doch sagt man, als wann zu Dünckhel-
spihl ein Schlacht geschehen soll. Der Kaiser und Bayrfürst
haben Soldaten, Zimmerleut und Wildschützen ausgeschickt in
grosser Eil, die Brucken an der Donau abzuheben, welches auch
effective zu Leipheim den 18. Jan. summo mane ins Werk gericht
worden. Täglich fahren 20 oder mehr Wägen gegen Abend
nacher Langenau und der Orten, laden über Nacht; morgens früh
sein sie wohl geladen an dem Thor. Ist unserem gn. Herren
allerdings alles Ross und Vieh feil, ja er hat allbereit schon
etlich Haupt Vieh, wie auch viel Schwein verkauft. Dieser Tagen
werde ich von glaubwürdigen Personen berichtet, dass circa
11. Jan. zu Pfuel von einem jungen Kind 3 mal aus dem Grab,
in welches es nach seinem Tod gelegt worden, seie mit heller
Stimm geschrieen worden: o wehe, o wehe, o wehe der Stadt Ulm!
Wiewohl viel unterschiedliche und glaubwürdige Personen solches bezeugen, so wollen doch die Ulmer solches in allweg
vertuschen und zu nichten machen, aber es sagen nun auch die
Kinder darvon. Weiter werde ich ganz glaubwürdig berichtet,
wie dass vor einer Wochen 6 oder 7 zu Stuttgart in Württenberg
dem Herzog daselbst einest zu Nacht, als er schlafen wollen, in
seinem Zimmer ein lange Zeit ein weisser Vogel herum geflogen
mit grossem Tumult, welchen auch der Herzog selbst gesehen,
desswegen er auch diese Nacht in grossen Sorgen gestanden,
weil er nit wusste, was solches bedeute, auch desswegen wenig
oder gar nichts geschlafen, auch den Tag mehr, dann die Nacht
begehrt. Summo mane hat er solchen Zufall seinen Räthen für-
getragen und sich ihrer Gutachtung darüber von ihnen erkundiget,
welche sammentlich ihn überredet, es seie nur eine Fantasei, er
soll sich lustig machen. Desswegen sie alsbald ein Jagen angestellt, ab welchem er hätte sollen lustig werden, desswegen er
solchem auch in eigener Person beigewohnet. Als man aber im
besten Jagen war, da kam der gesagte weisse Vogel abermal

im Holz zu dem Herzoge daher geflogen, floge auch so lang um ihn herum, bis er ihm ein Zeichen in die Nasen gebissen. Nach solcher That ist alsbald alle Freud aus gewest und alles allertraurig nach Haus gekehrt. Was solch alles bedeute, gibt die Zeit. Wir werden weiter von glaubwürdigen Personen berichtet, dass nachmalen, wann sein Speismeister oder wie man einen solchen mag nennen, etwas mit den Händen angerührt, es sei gleich etwas von Essen oder Trunk gewest, sei alles alsbald blutig worden, welches derowegen alles ein grossen Schrecken und Nachdenken zu Stuttgart causirt, auch der Herzog seine Wohnung und Haushaltung anders wohin transferiret. Den 15. Febr. (?) ist unser gn. Herr alsbald nach dem Mittagessen verreist nacher Günzburg zu dem Commissari Forstenhauser, weil er aber daselbst nit anzutreffen, sondern sein Reis' nacher Memmingen genommen, ist unser gn. Herr per Ulmische Posten nachgeritten in Eil und sich wegen der unerschwinglichen Contribution wie auch der schweren täglichen Durchzüge und Einquartierungen bei unseren Unterthanen beschwert. Dann das Gottshaus monatlich bei 1800 fl. dem Holzischen Regiment sollte contribuiren, welches, wie männiglich bekannt, unmöglich ist. Den 20. dito ist er wieder frisch und gesund hieher kommen, die Verrichtung gibt die Zeit. Bishero sein wir zwar noch beisammen geblieben, doch in grossen Sorgen und stündlich auf die Flucht gericht. Dieser Tagen kommt Zeitung ein, wie dass es kürzlich an etlichen Orten habe Zinn und Blei geregnet, auch bei heiterem Himmel und warmem Wetter, da nirgend kein Schnee gesehen worden, an einem Ort ganz feuerrother und blutiger Schnee gefallen seie.

Den 26. Jan. (?) gegen Abend kommt ein Bot von Thomertingen von dem Vogt daselbst in Eil an uns geschickt, wie dass heut 8 Tag die genädig Frau von Wisenstaig [1]) ihre beste Güter wöllen nach der Stadt Ulm flehnen mit etlich Fuhren und guter

---

[1]) Die Herrschaft Wiesensteig, O.-A. Geislingen, kam nach dem Tode Rudolfs, des letzten Grafen von Helfenstein, i. J. 1627 an dessen drei Töchter: Maria Johanna, verm. Landgräfin von Leuchtenberg, Isabella Eleonora, später verm. Gräfin von Oettingen, und Franziska Karolina, nachmals verm. Gräfin von Fürstenberg-Mösskirch. Da die beiden ersten schon i. J. 1642 ihren ererbten Antheil an Kurbayern verkauft hatten, so könnte die genannte gnädige Frau in der dritten sicher erkannt werden, wenn nicht der Umstand, dass diese damals noch unverheirathet war, wegen des Titels Zweifel erregte. Uebrigens lebten auch noch zwei Schwestern des letzten Grafen: Katharina, verwitw. Gräfin von Oettingen, und Maria, verwitw. Gräfin von Helfenstein.

Salvaguardi und Comitat. Als sie nun nahe bei Dornstatt wäre, ist sie von etlichen Schwedischen Reitern überfallen und aller bei sich habender Güter beraubt, ja ihr Hofmeister gar erschossen worden, sie aber beraubt und trostlos kaum hätte können in das Gottshaus Söfflingen gebracht werden. Solches als man uns anzeigte, sein wir in grossen Aengsten und Sorgen gestanden, auch bei eiteler Nacht den 26. Jan. uns sammentlich über die Donau gen Leiben begeben. Doch ist ein Convers, Bernard Böck, welcher erst aufgenommen worden, in habitu saeculari in dem Gottshaus geblieben. P. Prior ist von und zu geritten, nit wissend, wann man das Gottshaus überfällt. Die ganze Nacht hat man Ross und Vieh, wie auch allen Hausrath über die Donau geführt. Ein Nacht 2 sein wir zu Leibi und Nersingen geblieben, doch, weil die Bruck zu Kirchberg noch nicht abgebrochen gewest, in grossen Sorgen und Aengsten gestanden. Ist bald da, bald dorther ein Bot gelofen, wir sollten uns ferner aus den Stauden machen, dann die Schwedische wären Vorhabens, zu Kirchberg über die Iller zu gehen. Desswegen wir in grosser Eil Nachmittag um 2 Uhr uns von Nersingen aufgemacht, mit 2 Karren Wein, Bier und Fleisch, auch anderen Victualien wohl beladen, nacher Wallstötten uns begeben, in Meinung, daselbst sicher zu sein. Aber eben in dieser Nacht wird ein grosser Lärmen und Tumult auch zu Wallstötten, dass man fast die ganze Nacht geritten, gefahren und alles nacher Krumbach und weiter hinauf geflehnet. Doch hat Gott Genad geben, dass diess nur ein blinder Lärmen gewesen und die in Eil geflehnete Sachen bald wieder zurückkommen und wir, nämlich das ganze Convent mit dem halben Theil Vieh uns in guter Ruhe zu Wallstötten in unserem Schloss aufgehalten in die 4 Wochen, aber doch täglich nit gewusst, wann wir unsere Flucht weiter nehmen müssen, ja auch schon etliche Befehl von unserem P. Prior, welcher sich bis dato noch zu Leybi aufgehalten und nach seiner Möglichkeit zu dem Gottshaus geschaut, an uns gelangt, dann wir sollten weiter marchiren, dann es in die Länge nit mehr werde zu Wallstötten sicher sein. Endlich kommt ein Obedienz von Günzburg von unserem gn. Herrn, dann er bei 14 Tagen zu Donawörth bei einer Zusammenkunft gewesen, nun aber dieser Tagen nacher Günzburg kommen und sein Quartier etlich Wochen da gehabt, wie dass wir illico uns sollten an die schon destinirte Oerter begeben. Welches wir auch alsbald mit grossem Weinen und Klagen in das Werk

gericht. [1]) Unser gn. Herr mit sammt dem ganzen Convent hat
wollen seine Zuflucht zu Ulm in unserem Hof haben und nehmen,
desswegen die Herren in der Stadt mehrmalen sowohl schrift-
als mündlich ersucht worden, aber allzeit ein abschlägige Antwort
erfolgt. Unsere Ross und Vieh, wie auch Wein und Bier und
Früchten haben sie zwar hinein gelassen, aber uns war alle
Genad, hinein zu kommen, rund abgeschlagen. Ja in höchster
Gefahr haben sie unseren P. Priorem nicht wollen über Nacht
in der Stadt gedulden noch leiden, müsste sich allzeit nur zu
Leyben aufhalten. Dass sie aber einen solchen Groll und Widerwillen gegen uns gefasst, ist die Ursach, weil sie eine Conferenz
mit unserem gn. Herren angestellt, unser gn. Herr aber ihnen
ihr Liedlein nit in allen Puncten singen wollen, wie sie gern
gewollt. Ein erschreckliches Geld haben die Ulmer von den
hinein gewichenen, armen, beängstigten Menschen heraus gepresst.
Die Menschen sein dem Vermögen nach geschätzt worden, desswegen der ein 5, der ander 6, 7 Bazen, ja bis auf 1 fl. wochentlich auf das Rathhauss müssen tragen, hat er anderst wollen
Wohnung in der Stadt haben. Sein doch in höchster Noth die
Catholische fast alle hinaus in äusserstes Verderben gejagt worden und zum Abzug hat ein jeder Mensch für sein Person der
Stadt müssen 15 kr. geben, für 1 Ross 10 kr., für 1 Kuh 6 kr.,
weiss nit, was für 1 Gaiss. Ein grosse, ja unsägliche Summa
Gelds hat solches angelofen, dann viel 1000 flüchtige Menschen
darinen gewest.

Dieser Zeiten hat sich der Feind in Geysslinger Thal, zu
Stuttgart und dieser Orten aufgehalten, dem Joann de Wörth
ritterlichen Widerstand gethan. Viel Oerter sein um das Gottshaus herum geplündert und übel ruinirt worden sowohl von dem
Feind- als Freundsvolk. Ist doch unserem lieben Gottshaus im
wenigisten, Gottlob, nichts widerfahren, welches die Ulmer sehr
verdrossen, dann sie etlich mal unsere Leut gefragt, wie es im
Gottshaus wäre abgangen, ob man's sehr ruinirt hätte? dann sie
nit anderst vermeint, es wäre schon rein ausgeplündert worden.

[1]) Rozenhart hatte Ordre nach Kloster Füssen erhalten, kam nebst einem
Mitbruder am schmalzigen Samstage in das Kloster Irsee, ganz matt und müd
um Nachtherberge bittend, wurde aber, „weil morgens Fassnachttag und die
völlige Fassnacht eingefallen", daselbst zum Bleiben eingeladen, was er, weil
grosser Schnee gelegen, auch dankbar annahm, und verbrachte, nachdem er
gute Fassnacht gehabt, im gastlichen Hause auch noch die übrige Zeit, bis er
zum Feste des h. Benedikt wieder nach Hause reiste.

Dass aber solches nit geschehen und durch so gefährliche Zeiten
kommen, dass allerdings kein Soldat nit darein kommen, weiss
ich nit, ob es mehr einem Miracel oder menschlicher Macht zu-
zuschreiben. Die Klosterfrauen von Söfflingen haben sich in
diesem Tumult auch nach der Stadt müssen begeben und bei der
Kron das Quartier gehabt, welches im ganzen Schwedischen Krieg,
ja bei Mannsdenken nit geschehen.

Das Gottshaus Elchingen hat auf diess Jahr 8830 fl. Contri-
.bution müssen geben, ist noch mehr bis auf den 26. July alles
erstattet worden. Weil man aber noch an dem ferndigen Rest
etwas wenigs ausständig, sein Pressreiter erstlich auf die Alb,
nachmal in die Pfarr gelegt worden. Hausen übel. Dieser Zeiten ist ein grosse Anzahl Stüppich Mehl auf den Bayrschiffen
auf der Donau herauf nacher Ulm und von dar nach dem Kai-
serisch- und Bayerischen Lager auf der Achs geführt worden.

Jenseits der Donau fahet man (Anfang November) an, die
Wölf wieder heftig zu merken, wie sie dann allbereit bei
Weissenhorn schon ein Weibsbild zerrissen.

Den 20. Dec. hat es allenthalben schwere Durchmarch geben
wegen der in die Quartier ziehenden Völker, deren wir auch
fast in allen Flecken theilhaftig worden. Endlich ist uns auch
neben unerschwinglicher Contribution ein ganze Compagnie Mer-
cische Curassier eingequartiert worden. Wegen diess ziehen täglich viel unserer Unterthanen von Haus und Hof. Die Ulmische
Unterthanen haben sich wegen der schweren Durchzüg und Nachtquartier fast alle in die Stadt retirirt.

Annus 1644. [1])

Diess Jahr lasst sich an mit vielen Durchzügen und Unruhe,
doch hat Joann de Wörth ein grossen rühmlichen Sieg erhalten

---

[1]) Um die Schmach, welche die Waffen Frankreichs bei Tuttlingen erlitten
hatten, zu tilgen, wurde der tüchtigste Feldherr dieses Staates, Vicomte de
Turenne, vom italienischen Schauplatze des Krieges auf den deutschen berufen,
welcher erst in der Freigrafschaft Burgund, um sich den Rücken zu sichern,
die Spanier und Lothringer unschädlich zu machen suchte und dann an den
Oberrhein rückte. Mittlerweile war der bayerische Feldmarschall Graf von
Mercy mit 15,000 Mann aus den Winterquartieren aufgebrochen, belagerte,
während er eine Abtheilung zur Blokade von Hohentwiel entsandt hatte, die
von den Franzosen besetzte Stadt Ueberlingen am Bodensee und zwang sie
am 10. Mai zur Kapitulation, worauf er sich zu gleichem Unternehmen vor
Freiburg im Breisgau begab, welches ebenfalls, da es Turenne nicht entsetzen

und die Stadt Rothweyl [1]) erobert. Gott gebe weiters Glück! [2])
Monat Martii ist der Herr Prälat von Crembsmünster [3]) per posta
hier durchgeritten mit einer grossen Summa Gelds, wie man sagt,
30,000 Thaler, solche in Gold verwechselt, uud mit solchem in
grosser Eil kommen in ein Flecken nahe bei Ehingen und dort
sich bei seinem Schwager aufgehalten. Den 26. Martii, war am

konnte, am 29. Juli sich ergeben musste. Als letztgenannter Marschall sich
mit dem Herzoge von Enghien verbunden hatte, rangen beide mit den Bayern
vor Freiburg in dreitägigem Kampfe (3.—6. August), konnten aber den Sieg
nicht gewinnen, wenn auch auf Seite der letzteren sich keine bedeutenden Vortheile ergaben. Da hierauf die Franzosen sich nördlich wandten, um die
schlechtbesetzte Festung Philippsburg, den Schlüssel zu Deutschland vom Mittel-
rheine aus, zu nehmen, folgte ihnen Mercy, kam aber zum Entsatze zu spät,
da diese bereits am 12. Sept. übergeben worden war, und führte hierauf seine
Armee, welche zu schwach war, um dem Feinde weitere Eroberungen am Rheine
zu wehren, in Quartiere zwischen Neckar und Tauber, damit wenigstens die
Verbindung zwischen Franzosen und Schweden verhindert werde.

[1]) Diess war noch im vorigen Jahre geschehen.

[2]) Unter anderen nicht auf den Krieg bezüglichen Notizen bringt Bozenhart
aus dieser Zeit folgende: „Den 26. Febr. haben wir im Gotteshaus morgens
zwischen 4 und 5 Uhr einen erschrecklichen Wetterleicher gesehen und einen
Donnerklapf gehört, dermassen, dass männiglich darob erzittert und sehr erschrocken. Man sagt und ist allerdings gewiss, dass es damalen 3 unterschied-
lich mal in das Ulmische Münster geschlagen, auch namhaften Schaden darin
gethan, man lasst doch nit Alles aufkommen.‟

[3]) Bonifazius Negele, wegen seiner vortrefflichen geistigen und körperlichen
Eigenschaften in verhältnissmässig jungem Alter i. J. 1639 zum Abte von
Kremsmünster im Erzherzogthum Oesterreich ob der Enns erwählt, verfiel,
durch Schmeichelei und Ehrenbezeugungen aller Art bethört, dem ungebührlichen
Streben, die bürgerliche Familie, welcher er entsprossen war, ohne Berück-
sichtigung jeder höheren Pflicht zu Ansehen und Reichthum zu erheben und
brachte diesem das Wohl des Stiftes und der Unterthanen desselben zum Opfer.
Nachdem alle milden Mittel gegen dieses unwürdige, eine grosse Schuldenlast
verursachende Benehmen fruchtlos gewesen waren, bewog das Kapitel durch
klare Darlegung des wahren Sachverhaltes die weltliche und geistliche Obrigkeit zu dem Entschlusse, den Verschwender der Kuratel des Landeshauptmanns
und des Propstes von St. Florian zu unterstellen. Bonifazius aber machte
schnell einen grossen Theil der Kostbarkeiten der Abtei zu Gelde und suchte
sich der lästigen Bevormundung durch die Flucht zu entziehen. Da die obige
Nachricht Bozenharts ohne Zweifel die volle Wahrheit enthält, so muss darnach
die in Hartenschneiders Geschichte des Kl. Kremsmünster S. 169 enthaltene
Angabe, dass des Abtes Abgang noch rechtzeitig entdeckt und verhindert worden sei, berichtigt werden. Des unwürdigen Vorstandes Entsetzung erfolgte,
nachdem er bis dahin zu Passau in Verwahrsam gewesen, am Ende des Jahres
1644, worauf er in niederer Stellung und strenger Eingezogenheit in seinem
Stifte noch bis 1673 lebte.

heil. Osterabend, kommt hieher in's Gotteshaus ein kaiserischer Kammerdiener, solchem in grosser Eil nachjagend. Weil er aber erfahren, wie dass er sich in gesagtem Dörfle sicherlich aufhielte, hat dieser kaiserische Kammerdiener die heilige Zeit verschonet und die Osterfeiertag bei uns sich aufgehalten, Aftermontag früh aber mit unserem gn. Herrn und dem Herren Prälaten von Blaubeuren sich nach solchem Dörfle begeben, wo besagter Prälat sich hat aufgehalten. Als dieser deren Ankunft vernommen, hat er mehr Zeichen der Freuden als der Traurigkeit sehen lassen, gutwillig die Reis mit ihnen zurück genommen und den 31. Martii glücklich hieher in's Gotteshaus gebracht worden und den folgenden Tag auf dem Wasser dem Kaiser zugeführt worden. Warum diess alles geschehen, gibts die Zeit. Dieser Zeit sein die Soldaten im Winterquartier gehling aufgebrochen und nacher Hohenwiel und Freyburg ihre Ordre gelautet.

Den 12. May ist Freyburg von Kaiserischen und Bayrischen eingenommen worden, dessen der Franzos übel zufrieden, derowegen mit grosser Gewalt sich dieser Gegend mehrmal hat sehen lassen, ja solche Scharmützel dieser Zeit daselbst fürüber gangen, dergleichen kaum gelesen worden. Doch haben die unsere, Gottlob, allzeit das Feld erhalten.

Es hat dieser Landen den 20. Aug. etc. das Ansehen, als wollte alles unter über sich gehen wegen dieser so gefährlichen Schlachten. Das ganze Ulmische Land, wie auch andere Benachbarte, wann man sie anderst in die Stadt hinein gelassen, haben alle Früchten, ja alle mobilia in grosser Eil bei Tag und Nacht in die Stadt geführt, desswegen dieser Orten bei Tag und Nacht, ja auch Sonn- und Feiertag ein immerwährendes Dreschen und Fleglen gehört worden, ist auch uns dieser Tagen allerdings der letzte halbe Baz gestanden, dass wir uns sammentlich haben in die Flucht geben sollen. Unsere Bettlbrief sein schon fertig gewest, aber interim kommt bessere Zeitung täglich ein. Gott geb uns den lang gewünschten Frieden!

In dem Julio oder auch zuvor haben die Burgauische Oberbeamte ein Schreiben an unseren gn. Herrn abgehen lassen, wie dass sie nämlich Vorhabens wären, auf Befehl ihrer vorgesetzten Obrigkeit zu Strass und Fahlen einen Zollaufseher zu bestellen, über welches man sich unserseits höchstens beschwert befunden, desswegen ein Wochen 3 oder 4 hin und wieder sowohl schrift-, als mündlich contradicirt worden. Haben sich auch besagte Oberbeamte verlauten lassen, dass sie wollen zu Strass eben

hac intentione ein eigenes Zollhaus aufbauen lassen, dem aber
unser gn. Herr sich äusserst opponirt. [1] Interim werden die
Parteien über einander verbittert, derowegen den 29. July die
Burgauische mit gewehrter Hand nacher Strass kommen; weil
aber unser gn. Herr eben bei der Stell, reitet er ihnen entgegen,
was ihr Begehren wäre? Sie begehrten einen Zoll allda aufzu-
richten. Weil sich aber unser gn. Herr zu solchem Gewalt zu
schwach befand, reitet er behend zuruck, lässt in allen Flecken
an den Glocken lärmen oder Sturm schlagen. Inmittels aber
ertappen sie unsers gn. Herren Reitknecht, welcher das Ross in
der Roth trinken lassen, nehmen ihn sammt dem Pferd, welches
vor 3 Wochen um 80 fl. in dem Saurbronnen ist erkauft worden,
sammt aller Zugehör hinweg, legen ihn in Burgau und verwachen
ihn fleissig in einem Wirthshaus. Jeder Wachter hat täglich
12 Bazen gehabt. Entzwischen werden sowohl schrift- als münd-
liche Conferenzien angestellt, doch nichts effective, bis endlich
den 26. Aug. unser gn. Herr mit sammt dem Prälaten von Blan-
beüren, welcher auch, noch mehr bei 14 Tag bei uns hospitirt
wegen Unsicherheit seines Gottshauses, nacher Günzburg zu einer
mündlichen Conferenz gereist. Den 5. Nov. in kurzer Zeit und
grosser Eil ist das Zollhaus zu Strass aufgericht und ausgebauen,
wie auch die Zolltafel angeschlagen worden, doch allezeit mit
Widersprechung des Gottshaus.

Den 16. Oct. ist unser gn. Herr nach Augspurg citirt worden
wegen obgesagtem Zoll, den 21. wiederum hier glücklich angelangt; die Verrichtung gibt die Zeit.

Den 30. Nov. haben die Ulmische gegen der Roth-Alten ein
Gejäg nach den Wölfen angestellt und hat solches Nachmittag
um 2 Uhr angefangen und bei dem Aichele oder Schelmenkhau
den ersten Hundhaz genommen und das Gewild nach der Roth-
Alten getrieben, dann daselbst der Zeug gespannen gewesen.
Haben gleichwohl 8 Wölf damal in dem Gejäg gehabt, doch nur
2 darvon gefangen, wie auch ein Reh, ein jungs. Die andere
5 Wölf haben sich gegen den Forst retirirt und anderstwo.

---

[1] Der darauf folgende, offenbar von dem Abschreiber arg verstümmelte
Satz lässt erkennen, dass die markgräfliche Obrigkeit wirklich in genanntem
Orte einen Zoller einsetzte und dieser von den Bewohnern von Waldstetten,
welche Kalk führten, von jedem Wagen eine Abgabe von 4 Bazen erhob, ihm
aber solches Geld wieder abgepreast und dem Able erstattet wurde.

Nachfolgenden Tag haben sie zwar in dem Forst auch gejagt,
doch nichts gefangen, wie auch den dritten Tag in dem Schelmen:
khau wiederum, doch auch umsonst. Allenthalben, wo man geht
und reist, sieht und spürt man Wölf ganz häufig, doch hat man
bis dato nit, dass sie den Menschen Schaden gethan haben,
doch dem Vieh häufig. Nit lang hernach haben sie abermal in
gesagtem Holz gejagt, haben 1 Wolf, 2 Reh und etlich Vieh
gefangen.

Dieser Tagen hat die Grafschaft von Kürchberg wie auch
das Gottshaus Wiblingen und Söfflingen ihre Taglöhner und
Dienstboten ganz abgedankt und entlassen, wie auch ihren Feld-
bau ihren Bauren ganz und gar um ein gewisse Competenz einhändig gemacht. Man möchts allhier in unserem lieben Gottshaus
auch wohl also in das Werk richten wegen der unerschwinglichen
Bezahlung der Taglöhner und grosser unerträglicher Auflegung
der Kriegscontribution. Weil aber bei uns kein Baurschaft,
welche solches behaupten könnte, so muss mans eben machen,
wie man kann.

Annus 1645.

Den 5. January ist unser Gottshaus der Winterquartier halber mehrmalen erschrecklich angefochten worden, indem sich ein
Quartiermeister mit etlichen anderen Soldaten hier angemeldt,
Winterquartier für 89 Köpf Curassier begehrt, dass solche sammentlich vom Gottshaus und dessen Unterthanen sollten verpflegt
werden. Von solcher grosser und erschrecklicher Summa aber
sein alsbald über die 50 Curassier wieder nach der Armee abge-
ordert worden, doch bleibt ihnen das Winterquartier und Geld-
erlag bei uns. Ueber diess alles wird uns aufgetragen, Kriegs-
kostengeld zu erlegen 10561 fl. Wollten bald ein neues Kloster
um solche Summa Geld können bauen. Bleibt noch bei solchem
nit, sondern werden auch angefochten, wie dass wir sollten dem
Prälaten von Blaubeuren helfen 5 Soldaten verpflegen. Wird
alles schwerlich daher gehen.

Hiemit endet das Tagebuch, was um so mehr zu bedauern ist, als gegen das Ende des grossen Krieges die volle Wuth desselben noch um Elchingen tobte und dem Verfasser gewiss überreichen Stoff zu weiteren Aufzeichnungen dargeboten haben mag. Der Kopist fügt dem Schlusse noch folgende Worte bei:

„Anfangs gedachter P. Joannes Bozenhart hat sein Diarium weiters zwar und vielleicht bis zu Ende des schwedisch-französischen Kriegs oder wohl etwa gar bis nahe zu dem End seines Lebens, welches er a. 1664 den 24. Aprilis seliglich beschlossen, fortgeführt. Es ist aber per injurias temporum und vielleicht auch durch Unachtsamkeit derjenigen, welche solche Scripta unter Handen gehabt, das übrige alles verloren worden."

Druck von J. P. Himmer in Augsburg.